U0078183

宋元明清時期

觀物以理×東西交流×崇古追新，
從文化復古運動到設計審美中的權力運作

中國設計美學史

彭聖芳 著

宋元社會生產力提升，有理學特點的設計美學觀對造物設計影響至深。
明代造物全面繁榮，設計形式多樣，引起廣泛的美學爭論和價值批評。
清代造物設計集前代之大成，前期強調經世致用、諸多總結性典籍；
後期受早期工業文明衝擊，很大程度上接受了工業社會的理念。

一個社會的審美經驗，會凝結出什麼樣式的藝術成果？

崧燁文化

目錄

導言

第一章　宋元時期的設計美學

第一節　文化復古及其設計美學導向……………………… 14

第二節　以物觀物和觀物以理：設計審美的哲學視角 ⋯⋯ 30

第三節　理學影響下的設計知識探究……………………… 38

第四節　多民族政權並存下物質文化的交融遞變 ………… 58

第二章　明清時期的設計美學

第一節　從「格物」到「玩物」：器物鑑賞觀的轉變 ⋯⋯ 84

第二節　趨雅避俗、尚雅貶俗：設計的審美導向 ………… 96

第三節　美善相成、盡善盡美：設計的倫理批評 ………… 114

第四節　物性比德、物情有寄：設計的修辭世界 ………… 134

第五節　崇古與追新：並行不悖的設計審美意識 ………… 151

第六節　恭造之式與外造之氣：設計審美中的權力運作⋯ 167

參考文獻

目錄

導言

　　設計，作為一種與人類生活息息相關的創造性活動，伴隨著「製造工具的人」的產生，即已產生。在中華大地上，從原始社會滿足生存需求的簡單工具和用具的製作，到階級社會滿足多層次需求的各種造物，再到受到西方工業革命影響後的現代設計興起，直至今天資訊化社會中呈現的「物質」與「非物質」交織存在的全新面貌，漫長的歷史進程已經讓今天的設計與最初判若雲泥。

　　舊石器時代考古的成果為我們提供了最早的人工製品的形態，在山西丁村、峙峪，陝西藍田，雲南元謀，湖北長陽，廣東馬壩……北起黑龍江畔，南到雲貴兩廣，西起青藏高原，東抵黃海之濱，200 多處舊石器時代文明遺址的發現顯示，在以採集和狩獵為生產方式的原始生活中，先民創造了以打製石器為主的生產工具。打製石器種類少、形態較為粗糙，顯示了原始先民已基本掌握石料特點和打製成形的方法。隨後，在生產勞動中逐步改進，先民開始把經過選擇的石頭打製成石斧、石刀、石錛、石鏟、石鑿等更為多樣的工具，並加以磨光，使其工整鋒利，有的還要鑽孔以裝柄或穿繩，即為「新石器」。在新石器時代，創造和使用這些更為精細的石器，顯示人類具有了更清晰的審美意識、更細膩的美感和對材料、造型和裝飾更強的控制能力。除工具製作之外，舊石器時代的先民發現有些石

導言

材質地堅硬，具有獨特的色彩、紋理與光澤，於是用以製作裝飾品，或祭祀神靈的禮器，稱之為「玉」。至新石器時代晚期，玉器大量用於裝飾、禮器（法器）、工具、武器，製玉技術相當成熟。從紅山文化和良渚文化的玉器中可以看到，鑽孔、磨光、淺浮雕、線刻等造型裝飾手法已運用嫻熟。從石器來看，原始先民已能由心而手的塑造一定的形體，使之適應特定生產或生活需求。這些工具作為有意識的物化對象，展現了功能性與形式感的統一。從玉器來看，原始先民不僅在取材、造型和裝飾上顯示出清晰的審美意識和細膩的美感，而且，透過其創造的各種並非服務於現世生活需求的器物及形象，更反映出精神需求和觀念信仰在早期設計中即占有了一定位置。

　　新石器時代晚期，陶器的發明是人類首次透過化學變化來改變材料特性並進行創造的活動。1962 年，在江西萬年縣仙人洞出土了距今兩萬多年的陶器殘片，是中國目前發現最早的陶器資料。「神農耕而作陶」，陶器的發明及廣泛使用也顯示，以採集和狩獵為生的原始先民逐漸告別了居無定所的生活方式，而選擇了農耕和定居。隨後，冶銅、冶鐵、編織與髹漆技藝相繼被發明、使用在生產、生活和禮儀中，階級社會和國家制度同時逐漸成形。更多生產製造技藝的掌握意味著社會分工，「百工」作為手工業者和手工業行業的總稱，也確立了位置。商代以青銅器為家國重器，西周時期的青銅禮器、兵器、日用

器蔚為大觀，春秋時期的鐵製工具、農具、兵器和日用器品類俱全。至漢代，製陶、冶銅、煉鐵、織繡、髹漆等手工技術，已透過設計緊密的結合人們的生產生活需求，表現在工具、農具、兵器、日用器、家具、服飾、舟車、建築等製作領域。東漢晚期，青瓷的燒製成功又是一大進步。魏晉南北朝時期，瓷器已逐漸取代陶器、漆器、青銅器，成為人們普遍使用的日常器物。此外，伴隨著與域外文化的交流，還出現了金銀器和玻璃器。隋唐時期北方出產白瓷、南方盛行青瓷，形成「南青北白」的格局，金銀器、銅器、漆木器、玻璃器皆發展為日常用器。瓷器在宋代的發展前所未有，工藝日趨完備，名窯遍及南北，產品遠銷海外。元代漆器在前代累積上臻於完善，並出現了銅胎掐絲琺瑯器物；棉紡織技術及工具由海南傳入。因為代代累積和傳承，傳統手工藝品類和技術在明清兩代達到了高峰，服務於衣、食、住、行、用的物質產品極大豐富，在各門類完備的基礎上分工更趨精細，名匠輩出、藝臻絕詣。近代以後，東、西洋舶來品夾帶著機器文明的生產方式和價值觀，一度使傳統社會中的手工藝造物設計體系受到較大衝擊。然而，在新的社會生產方式穩定下來之後，長久以來為生產生活提供產品的傳統工藝各行業，幾經調整也逐漸明確了位置。

　　從先秦的「百工之術」到今天的現代設計，從本質上來說都是一種人類有目的的創造性活動，是「按照美的規律來為人

導言

造物」[001] 的過程，具有不曾斷裂的內在延續性和傳承關係。設計思維上表現的同一性，可以給我們最直接的認知：原始人類製作石器時已有了明確的目的性，造物的目的性表現為「預先設想」，預先設想是設計的基礎。[002] 從語源上看，「設計」對應的英文「Design」一詞來源於義大利語「Desegno」，在 15 世紀前後，它被解釋為「藝術家心中的創作意念」，其定義是「以線條的手法來具體說明那些早先在人的心中有所構思、後經想像力使其成形，並可借助熟練的技巧使其現身的事物」，強調建立計畫、進行構思和繪製草圖。儘管在原始工具製造中，沒有現代設計規範的平面圖或模型，但器物製作者大腦中，對形態和實現過程的構想是必然存在的。今天我們在為「設計」定義的時候，無一例外的強調事先的「構想」和「構思」，顯示造物活動的前提是設計思維，造物活動是在目的和計畫控制下的活動。此外，從原始至當代，形式美感的建立、繼承和超越，工藝技術的傳承和挪用，設計樣式的繼承和創新，都能夠為中國傳統工藝造物活動在歷史進程中，描繪出一條條清晰而連貫的線索，並指向今天的設計。

---

001 「動物只是按照牠所屬的物種的尺度和需求來造型，但人類能夠按照任何物種的尺度來生產，而且能夠到處適用內在的尺度到對象上去；所以，人類也按照美的規律來造型。」（馬克思：《馬克思恩格斯文集》第一卷，人民出版社 2009 年版，第 163 頁。）

002 所謂預先設想，就是事先在大腦中形成設計對象的具體形象，以及實現這一造型的方法和程序，然後在完成平面圖或模型的過程中加以修改使之完善，最終可以交付下道工序實施。（諸葛鎧：《圖案設計原理》，江蘇美術出版社 1991 年版。）

從原始社會第一件粗陋的石器，到今天豐富多樣的物質世界，器物的歷史發展具體而鮮活。那麼，過往人們持何種造物設計的審美觀念和價值取向，人們對造物成果及活動的認知如何，其所構成的知識體系應該被如何描述，其與器物的發展呈現何種關係，這無疑是今天我們應該了解並深思的問題。先秦典籍《考工記》開篇即說：「國有六職，百工與居一焉」，「知者創物，巧者述之，守之世，謂之工」。這是最早的關於設計主體及其活動的記述。春秋諸子在闡發社會理想和人生體悟之際，對造物設計的原則、理想和價值各有精彩論說。統一的秦漢勵精圖治，相較於生產實踐，設計思想和美學觀的闡發較少，但仍顯示出明顯的儒學特點。魏晉時期戰爭頻仍、社會離亂，西來的佛學在中國交融流播，南北民族文化互通又分異，帶來了生活方式和設計審美趣味的混雜與多變，儘管崇尚清談而較少立文字，其設計美學觀念在器物中還是有強烈的投射。強盛的隋唐開放而包容，造物不僅材料擴充、門類大增，而且設計題材和風格也擁有了廣闊的空間，對設計價值的認知逐漸甦醒。宋元社會生產力提升，士人階層崛起並打通了「道」「器」之間的關係，有理學特點的設計美學觀對造物設計影響至深。明代造物全面繁榮，及至中晚期，設計呈現形式多樣、品格各異，引起廣泛的美學爭論和價值批評。清代造物設計集前代之大成，前期強調經世致用、頗多總結性典籍，後期受早

導言

期工業文明衝擊，很大程度上接受了工業社會的理念……實用
美術品的物品及其創造活動，其內涵的審美觀念和取向，更有
可能接近時代的普遍性。正如有學者說，「幾乎每一件工藝美
術品的面貌都至少與某個階層的需求、好尚一致，都反映出相
當程度的普遍性，所蘊含的共同性遠遠大於特殊性，與講究獨
創，可以『寫心』、可以『自娛』的詩文、繪畫截然不同。工藝
美術總在表現著時代的共同審美精神。」[003] 更直接的呈現時代共
同的文化面貌和審美觀念，也是造物設計美學課題研究的重要
價值。中國古代設計美學的研究，一方面可以以造物設計的美
學思想史為切入點和研究對象，另一方面可以從器物的審美形
態入手，發現特定時代的審美觀念或特定條件下的審美意識。
前者要透過思想史研究「確認那個社會的審美理想究竟達到什
麼樣的邏輯水準，後者……要從實證的角度，發現一個時代的
審美活動究竟展現為何種類型的物質形態，即要以描述的方
式，來證實一個社會的美感經驗究竟凝結為什麼樣式的藝術成
果」[004]。本書將循著歷史的主線，從美學思想的角度來呈現中
國傳統設計發展歷程中的成果，也從審美觀念和審美意識的角
度，來品味中國傳統設計的特質並體察其動因。

---

003 薛永年、趙力、尚剛：《中國美術史（五代至宋元）》，中國人民大學出版社 2014
　　年版，第 253 頁。
004 陳炎主編：《中國審美文化史・先秦卷》，山東畫報出版社 2000 年版，第 1—2 頁。

第一章　宋元時期的設計美學

第一章　宋元時期的設計美學

　　西元 960 年，後周諸將發動「陳橋兵變」，擁立宋州歸德軍節度使趙匡胤為帝，建立宋朝，定都開封，史稱北宋。在北宋政權建立時，北有強大的遼和遼控制下的北漢，南有吳越、南唐、南漢、後蜀等割據政權。趙匡胤採取了先南後北、先易後難的方略，用 20 年的時間先後平定了荊南、武平、後蜀、南漢、南唐、吳越、北漢等政權，實現了局部的統一。但在北宋定鼎中原之後，與其並立的邊疆少數民族政權還有北方的遼、西北的西夏、西南的吐蕃和大理。遼、西夏與北宋發生多次戰爭，後來分別訂立和約，開放邊界貿易，保持了較長時間的和平。20 世紀初，女真族建立了金，先後攻滅遼與北宋，征服了淮河以北地區。西元 1127 年，金從開封撤軍以後，立投降的宋臣張邦昌為偽楚皇帝。但在舊宋朝臣的反對下，張邦昌被迫退位，並以孟太后之名，下詔書立康王趙構為宋帝，史稱「南宋」。趙構稱帝後，在金不斷的向南進犯之中，朝廷不斷向南撤退，直至退守臨安。宋高宗趙構以納貢稱臣為代價與金訂立和議，換取了東南的半壁江山，與金形成長期對峙局面，兩國發展相對穩定。隨著北方蒙古的崛起和金的逐漸衰落，西元 1214 年 7 月，南宋根據真德秀的奏議，決定從此不再向金貢納「歲幣」。金隨即以此為由出兵南侵，南宋王朝則與蒙古聯手抗擊金軍。西元 1234 年，金國蔡州被蒙宋聯軍攻陷，金哀宗自縊，金滅亡。滅金之後，南宋想趁蒙古退兵之際，收復被蒙古

占據的土地，可南宋的這一舉動反而成為蒙古南侵的藉口。西元 1235 年以後，蒙古軍多次南侵，但在宋軍的抵抗下，始終未能渡江南進。西元 1259 年，蒙古大汗蒙哥死於軍中，其弟忽必烈繼承了大汗之位，並繼續南征。西元 1271 年，蒙古建國號為元，並於西元 1276 年攻占南宋都城臨安。西元 1279 年，元軍在崖山海戰中消滅南宋，結束了長期的戰亂局面。元朝是中國歷史上首次由少數民族建立的大一統王朝，元世祖忽必烈定都大都，傳五世十一帝，歷時 98 年。

　　從北宋建立到元朝覆亡的四百餘年，漢族政權在軍事上的羸弱，和少數民族政權武力的強盛表現出鮮明的反差，然而，若以生產力和經濟水準乃至文化的繁榮程度而論，漢族政權仍遠遠強勢於少數民族政權。自唐代中期開始逐漸發達的城市經濟在宋代繼續發展，手工業和商業的發展規模和程度比唐代更勝一籌。有宋一代「重文教，輕武事」（《續資治通鑑長編》卷十八）的基本立場，使得文化發展在重文抑武的觀念影響之下，逐漸將之前胡化的內容邊緣化，而走向華夏傳統的主流軌道。陳寅恪先生在 1940 年代初曾指出：「華夏民族之文化，歷數千載之演進，造極於趙宋之世。」[001] 可以說，有宋一代的社會面貌用「人文薈萃」一詞形容並不為過。宋史專家鄧廣銘先生也說過：「宋代是中國封建社會發展的最高階段，其物質文明和精

---

001 陳寅恪：〈鄧廣銘《宋史職官志考證》序〉，《金明館叢稿二編》，上海古籍出版社 1980 年版，第 245 頁。

第一章　宋元時期的設計美學

神文明所達到的高度，在中國整個封建社會歷史時期之內，可以說是空前絕後的。」以儒學復興為主要精神內涵的宋代文化，獲得了在各領域的全方位發展，並顯示出蘊藉深厚的華夏傳統特點與魅力。宋元時期的文化透過造物設計，也清晰的傳達出了其審美理想和趣味，反映出設計受官方導向作用、菁英族群思想、民間工商活動和多民族文化交融的多重影響。

第一節　文化復古及其設計美學導向

北宋立國前，社會經歷了近百年的混亂。唐末五代的動亂，本質上是中國古代社會由門閥士族到平民社會轉型時期的秩序調整過程中的混亂。北宋建立統一國家後，為了避免有可能出現的分裂和混亂，採取了中央集權的管理措施，也十分重視服務於國家秩序的禮制建設。《禮記·曲禮上》說：「道德仁義，非禮不成；教訓正俗，非禮不備；分爭辯訟，非禮不決；君臣上下，父子兄弟，非禮不定；宦學事師，非禮不親；班朝治軍、蒞官行法，非禮威嚴不行；禱祠祭祀，供給鬼神，非禮不誠不莊。」儒家認為「禮」是治世的普遍性方法，一切都必須以禮為準繩。「禮」作為傳統政治形態的重要部分，雖然在各個歷史時期都不曾廢斷，但東漢以後，隨著社會文化更多接受華夏周邊文明和外來宗教的影響，「禮」在國家政治生活中的受重視程度卻因具體情況、具體階段而有所不同。曾研究過宋代青

銅器造作的美國學者羅伯特‧莫瑞認為，相對於唐朝，宋朝的朝廷和士大夫更加擁護復興的儒學而摒棄佛教，形成了新儒學，並將這波思想潮流稱為中國的「文藝復興」運動。而正是這種復興古代文化的思潮，帶動了禮樂制度的考訂和仿古禮器製造的活動，宋人希圖在器物與儀式構成的環境氛圍中，重尋他們嚮往的古人敬天法祖、崇禮重祀，乃至日用起居的生活秩序。的確，作為漢族政權的北宋，在對儒家文化和華夏傳統的認可和繼承上超過之前的各個政權。朱熹說：「國初人便已崇禮義、尊經術，欲復二帝三代，已自勝如唐人。」（《朱子語類》，卷一二九《本朝三》）其反映出的思想是宋代要越漢唐而追三代，恢復堯舜之治，說明了立國之初的最高統治者治國理政的基本方向，是向華夏文明和儒家傳統的政治思想回歸，是要在尊崇經典和復歸禮儀中，為中央集權的封建國家形態牢固基業。

　　儘管禮樂制度下的行為與日常生活方式相距甚遠，仿古禮器也和百姓日用器物不盡相同，然而，宋代復歸禮制的政治文化思潮，的確間接的將復古作為一種美學標準植入了整個社會。稽古考古的文化氛圍帶動著復古風氣的蔓延，仿古器物在實現祭供禮器的功能之外，延伸至日常生活。雖然「由金石收藏、禮器改造，再到復古風氣廣泛用於同時代工藝美術」需要一個轉變的過程，但宋代以後，由社會上層和菁英階層所帶動的復古風氣，以強大的力量引領了仿古器物進入日常生活的陳設與賞玩。

第一章　宋元時期的設計美學

一、復歸於禮：禮樂器物制度考訂

　　禮樂之器是禮儀制度的重要部分，禮器的形制反映禮儀制度的內涵和精神。以「尊禮貴德」而著稱的北宋思想家張載，在其《橫渠易說》釋《易經》「形而上者，謂之道。形而下者，謂之器」時云：「形而上，是無形體者也，故形以上者，謂之道也。形而下，是有形體者，故形以下者，謂之器。無形跡者，即道也，如大德敦化是也。有形跡者，即器也，見於事實，如禮義是也。」說明禮器能從形而下層面反映「禮」的內容和主張。中國傳統服務於上層社會政治生活的禮器大體可以歸納為三類：一類是祭祀用品，以青銅器和玉器為主。一類是鹵簿用品，是指典禮用品，包括車輿輦駕、旗幟、儀仗隊列的服飾。一類是帝、后及百官服飾，包括官袍、綈帶、冠帽等。

　　宋朝立國後，朝廷主持了多次浩大的禮器考訂和設計工程。宋太祖建隆二年（西元 961 年），博士聶崇義上《三禮圖》，奏請以「恢堯舜之典，總夏商之禮」的原則重新制定服飾制度。《宋史·儀衛志》載，太祖朝侍中范質參照唐長興《南郊鹵簿字圖》制定鹵簿。[002] 其中，禮儀使陶谷重修了許多浸廢和佚亡的制度，包括大駕、副車、大輦和甲騎具裝，還重整了儀仗隊列的服色和五色畫衣的圖案，並設計了幾十種旗幟的圖

---

002 宋太祖建隆四年（西元 963 年），將郊祀，大禮使范質與鹵簿使張昭、儀仗使劉溫叟，同詳定大駕鹵簿之制，唯得唐長興《南郊鹵簿字圖》，校以今文，頗有闕略違戾者。（《宋史》卷一四五，志第九十八「國初鹵簿」）

案。後太宗命人繪製了 3 幅《鹵簿圖》，藏於祕閣。仁宗時，宋綬重新制定大駕鹵簿，編寫《圖記》10 卷。現藏於北京國家博物館的北宋《大駕鹵簿圖書》，就是在皇祐五年（西元 1053 年）至治平二年（西元 1065 年）之間，以宋綬《圖記》為基礎完成的。圖中共繪官兵 5,481 人、車輦 61 乘、馬 2,873 匹、牛 36 頭、象 6 隻、樂器 1,701 件、兵杖 1,548 件，表現了皇帝前往城南青城祭祀天地時的宏大場面，是研究宋代輿服、儀仗、兵器、樂器等制度的形象資料。仁宗朝天聖、景祐年間，宋仁宗接受大臣建議考訂舞樂。景祐三年（西元 1036 年），仁宗召見了被稱為「宋初三先生」之首的鴻學大儒胡瑗，命其與阮逸同赴開封考訂大雅樂器。「仁宗皇祐三年，詔出祕閣及太常所藏三代鐘鼎器，付修太樂所參較劑量，凡十又一器」，又墨其器款，命國子監書學楊元明釋其文字，而楊元明不能通釋其文，於是「一以隸寫之」，並圖其形，共有帶銘禮器 5 件、樂器 4 件，名為《皇祐三館古器圖》。[003] 在仁宗對宮廷雅樂的特別興趣和關注下，北宋第一部三代古器物圖錄《皇祐三館古器圖》編修而成。關於禮樂及禮樂之器的討論在朝廷成為常事，《續資治通鑑長編》中關於仁宗朝討論雅樂的事情，所記約有七十則。宋初禮器使用多據聶崇義《三禮圖》所考訂之制，聶崇義《三禮圖》本是根據東漢鄭玄等六家舊圖加以集注而成，然而，隨著朝野上

---

003 王國維：《宋代之金石學》，《王國維全集》第十四卷，浙江教育出版社 2009 年版，第 315 頁。

第一章　宋元時期的設計美學

下的稽古風氣和徽宗時期大規模蒐集古物的發展，對禮器的認知也有了新的觀點，認為《三禮圖》中所繪商周銅器多與實物不合。徽宗認為：「宮室、車服、冠冕之度，昏、冠、喪、葬之節、多寡之數、等衰之別，雖嘗考定，未能如古，秦、漢之敝未革也。夫道之以德，齊之以禮，有恥且格。今無禮以齊之而刑施焉？」為此，徽宗朝修編了一批禮制文獻：大觀三年（西元1109年）書成《吉禮》兩百三十一卷、《祭服制度》十六卷，政和三年（西元1113年）完成《政和五禮新儀》兩百二十卷。此外，大觀年間「初議禮局之置也，詔求天下古器，更製尊、爵、鼎、彝之屬。其後，又置禮制局於編類御筆所。於是郊廟禋祀之器，多更其舊」[004]。禮制局的設立是徽宗從整體上重訂禮制的一個步驟，也開啟了禮器造作的工程。

　　宋代的禮器考訂、設計和造作工程，整體上的趨勢是向上古三代禮樂制度的回歸。禮樂制度是華夏政治文化傳統的重要組成部分，「為國以禮」是儒家治理社會的理想。西周的禮樂之治在春秋戰國的諸侯分裂中面臨崩壞，經過秦漢的統一，禮樂制度得到了重新詮釋和推行。以後歷朝禮樂制度都得到不同程度的重視和不盡相同的詮釋，但與上古時期卻相距甚遠，都是參舊制而定新規。以唐代為例，《貞觀禮》、《顯慶禮》和《開元禮》都呈現出不同程度的變通。唐初所修的《貞觀禮》被認

004《宋史》卷九十八，中華書局 1997 年版，第 2423 頁。

為「節文未盡」，簡略而未能詳盡，於顯慶三年（西元 658 年）重新修訂，詔頒天下，是為《顯慶禮》。然而，《顯慶禮》又因「事不師古」、「所損益多希旨，學者非之」，未能取代《貞觀禮》。此後，正如元代史學家胡三省說這是「兼用貞觀、顯慶之禮」。玄宗開元年間，唐代步入鼎盛時期，在學士們的建議下，唐玄宗詔令集賢院學士右散騎常侍徐堅、左拾遺李銳、太常博士施敬本等人著手編撰新的朝廷禮儀典章。開元二十年（西元 732 年）九月，新禮編成，呈給唐玄宗，號日《大唐開元禮》。《開元禮》是一部極為系統化的禮儀典制，內容廣博且全面，是唐朝前期禮儀法典的匯綜。周必大所作序中有言，「為國必以禮，禮以時為大」，「蓋古今之不同，質文之遞變，雖先王未之有者可以義起」。說明《開元禮》中存在隨時而設的變通自是必然的。宋朝立國之初因循五代，「國朝典禮，初循用唐《開元禮》」，但不久後，一股強大的復古思潮衝破了因循唐代禮制的慣習，也開啟了禮器復古的道路。嘉祐七年（西元 1062 年），司馬光的「上仁宗論謹習」之奏議說到「昔三代之王皆習民以禮，故子孫數百年享天之祿」，提出了以復興上古三代禮制為手段，來矯正當世風俗不淳的想法，也正符合朝廷「稽古象物，昭德於彝器」的想法。神宗熙寧十年（西元 1077 年），禮院取慶曆以後奉祀制度，別定《祀儀》。「知諫院黃履言：『郊祀禮樂，未合古制，請命有司考正群祀。』詔履與禮官講求以

第一章　宋元時期的設計美學

聞。元豐元年（西元 1078 年），始命太常寺置局，以樞密直學士陳襄等為詳定官，太常博士楊完等為檢討官。襄等言：『國朝大率皆循唐故，至於壇壝神位、法駕輿輦、仗衛儀物，亦兼用歷代之制。其間情文訛舛，多戾於古。蓋有規摹苟略，因仍既久，而重於改作者；有出於一時之儀，而不足以為法者。請先條奏，候訓敕以為禮式。』」（《宋史》卷九八，禮一）在復古思潮湧動的背景之下，前代禮制與三代不相符合之處都被視為舛誤和紕繆，受到反思和質疑。

徽宗大觀、政和年間，內廷不斷收藏彝器。大觀初年，徽宗命王黼修《宣和博古圖》，著錄宣和殿所藏青銅彝器 839 件；到政和年間，內廷收藏已達 6,000 餘件，其中三代器物占絕大多數。在諸多古代實物參考之下，聶崇義《三禮圖》與傳世實物不相符合的紕繆漸次顯露。政和五年六月，校書郎賈安宅言：「崇義圖義皆諸儒臆說，於經無據；國子監三禮堂實存圖繪，下至郡縣學間亦有之，不足示學者，宜詔儒臣編次；方今禮樂新制器用，宜繪於圖，著其義，具為成書頒焉。詔《三禮圖》及郡縣學繪圖像並改正，舊所繪西壁《三禮圖》並毀去。」正如時人蔡絛《鐵圍山叢談》卷四說「時所重者，三代之器而已」，器物考古推動大規模的禮器考訂以古制為法則而展開，以還原三代的禮器形制來表達對上古太平治世的欽慕成為趨勢。鄭居中《政和五禮新儀》卷首云：「然追三代之風，以充昭太平，典章

之盛。」呂大臨《考古圖》序中寫道：「觀其器，誦其言，形容髣髴，以追三代之遺風，如見其人矣。以意逆志或探其制作之原，以補經傳之闕亡，正諸儒之謬誤。」[005] 復興古代禮制的思潮，從本質上反映了託古改革的政治訴求，在以復歸三代禮制為目標的禮器考訂逐步推進下，促成了徽宗朝出現了北宋最大規模的青銅器仿古造作。

二、器由禮制：禮樂器物的仿古造作

在向三代禮制復歸的文化努力下，宋代朝野上下熱衷於禮樂器物的收藏和研究，對古代器物的收藏、研究和仿造成為宋代重要的文化現象。「器由禮制，飾貴文為」（陳襄《古靈集》卷二十一），禮制主導下的復古思潮對器物造作發生的影響是多個層面的：它不僅透過帶動古器物學的研究，而累積了大量面臨佚亡的關於器物的知識，並直接產生了一批能夠再現上古禮儀生活情境的仿古器物；更重要的是，它以複製和模仿為最基本的形式，從審美層面將造物設計導向了復古的道路。

（一）青銅禮器的仿古造作

以古器物學的研究作為支撐，同時受皇家使用需求的驅動，大規模的仿古造作率先在宮廷展開。宋代宮廷古器物的收藏、研究和仿造主要集中於三代青銅器。前文講到，宋代的禮

---

005 [北宋] 呂大臨：《考古圖》，上海書店出版社 2016 年版，第 2 頁。

第一章 宋元時期的設計美學

器考訂、設計和造作工程，整體上的趨勢是向上古三代禮樂制度的回歸。三代正是青銅器的鼎盛時期，清代學者阮元曾說：「三代時，鐘鼎為最重之器，故有立國以鼎彝為分器者」，「自唐至漢，罕見古器，偶得古鼎，或改元，稱神瑞，書之史冊，俄臣節能辨之者，世驚為奇」。三代時被視為「國之重器」的青銅器，在漢代到唐代（尤其是漢代）的漫長歷史時期，因為失去了宗法社會的禮樂文化背景，往往僅被視為具有「神瑞」功能和象徵的器物，因而，仿古青銅器所見寥寥無幾。直到宋代，由於提倡理學、尊孔讀經、實行禮制，青銅器物的禮制功能和意義才重新回到統治階層的視野。出於上層社會對制禮作樂的需求，大規模的青銅器造作始在宮廷展開。如前所述，北宋時期，太祖、真宗、仁宗等朝都曾就禮制和禮器的考訂做出過不同程度的努力，而最大規模的系統仿古造作在徽宗年間展開。[006] 政和三年（西元 1113 年）七月己亥詔：「比裒集三代鼎、彝、簠、簋、盤、匜、尊、豆之類凡五百餘器，載之於圖，考其制而尚其象，與今薦天地、饗宗廟之器無一有合。去古既

---

006 宋代以後，宮廷仿古青銅器造作在元明清也集中出現過。元代時詔修諸路府州邑縣之廟宇以供春秋祭祀，成宗時為此設置了出蠟局，以仿製古物（《元史·祭祀志》）。明宣德年間，宣宗朱瞻基因見郊壇宗廟及內廷所陳設鼎彝均非古制，遂生復古之心，在宣德三年敕諭工部仿造青銅器。當時所鑄仿古青銅器達 3,300 餘件，這些仿古青銅器除部分歸宮廷留用外，還奉敕分與諸王府，因而得以流傳至各地（《宣德彝器圖譜》）。清代宮廷中先後設立了銅作和爐作，製造各種銅器以為內廷陳設、佛堂供奉、太廟郊壇等使用，其中，尤以乾隆年間宮廷仿古器最盛。清代仿古器外形許多細節已盡失商周青銅器的特徵。

遠，禮失其傳矣。祭以類而求之，其失若此，其能有格乎？詔有司悉從改造……可於編類御筆所置禮制局討論古今沿革，具畫來上，朕將親覽，參酌其宜，蔽自朕志，斷之必行。革千古之陋，以成一代之典，庶幾先王，垂法後世。」（楊仲良：《皇宋通鑑長編紀事本末》卷一三四）徽宗以禮制局作為核定祭器形制的機構，要求「具畫來上」，由徽宗本人「親覽」並「參酌其宜」再行定奪。政和三年（西元 1113 年），首批仿古禮器完成並被「修入祀儀」，備「郊廟禋祀」之用。

　　徽宗造作彝器的政和年間是社會相對穩定繁榮的時期，所謂「功定治成，禮可以興」。北宋之後，南宋乃至元代仍有仿古青銅器的造作。時至今日，除了北宋的器物，也有少量南宋紹興時期留下的仿古青銅器。元代時詔修諸路府州邑縣之廟宇以供春秋祭祀，成宗時為此設置了出蠟局，以仿製古器物（《元史·祭祀志》）。但就製作工藝的精細和形制的忠實程度而言，都要比徽宗年間的仿古青銅器略遜一籌。今天所見的宋代仿古青銅禮器除少量為傳世而來，其餘都是出土的窖藏器物。傳世器物均帶有銘文，顯示出宮廷對其的所有權，用於皇帝祭祀或賜給親臣作家廟祭器。[007] 宋代傳世仿古青銅器屈指可數，如豐潤牛鼎、政和鼎、童貫鋗鼎、宣和山尊、紹興豆等，比較為人所知的是仿春秋宋公成鐘而鑄的用於配大晟樂演奏的「大晟鐘」。

---

007 宋代仿器多註明製造時間及「帝製」、「帝鑄」、「帝造」、「皇帝」字樣，雖然仿製精度甚高，但因有款記，顯然不是存心作偽，以偽混真。

第一章　宋元時期的設計美學

而出土的宋代仿古青銅禮器相對數量較多，窖藏遺址集中在浙江、四川、江西等幾處，其窖藏原因也都與特定的歷史事件緊密連結。

（二）陶瓷禮器的仿古造作

出於禮制觀念和現實條件的雙重原因，宋代的陶瓷器物也出現了模仿古代禮器的造作。清代許之衡在《飲流齋說瓷》中說：「關於宋瓷，汝、鈞、哥諸器，製作凝重、古雅，而瓷質之腴潤，釉色之晶瑩，歷千載而常新……宋代製瓷，雖研煉極精，瑩潤無比，而體制端重、雅潔，猶如三代鼎彝之遺意焉……」陶瓷器物的仿古最早出於替代青銅禮器的需求，時間大約在北宋中後期。據宋《郊廟奉祀禮文》記載，仁宗慶曆七年（西元 1047 年），「禮院奏準修制郊廟祭器所狀……臣等參詳古者祭天，器皆尚質，蓋以極天下之物，無以稱其德者……今伏見新修祭器改用匏爵、瓦登、瓦甒之類，蓋亦追用古制，欲乞祭天神位……故掃地而祭，器用陶匏，席以薰稭，因天地自然之性」。說明此時的祭器中就有匏爵、瓦登、瓦甒等陶瓷禮器，且選用陶瓷祭器是出於其質地與天地自然之性和洽的考慮。《宋朝儀注》載：「（元豐六年）郊之祭也，器用陶匏，以象天地之性；樿用白木，以素為質。今郊祀，簠、簋、樽、豆皆非陶，又用龍勺，未合禮意。請圜丘、方澤正配位所設簠、

簠、樽、豆改用陶器，仍以欅為勺。」為遵從「器用陶匏，以象天地之性」的古禮，元豐六年又將部分禮器改用陶瓷製作。《宋會要輯稿》也記載了徽宗年間對於禮制的討論，指出祭祀地祇應使用陶禮器，進一步明確了陶瓷禮器的用法。如前所述，徽宗時期為郊廟祭祀仿製了一大批青銅禮器，然而不久後的「靖康之變」中，器物大多流落兵燹。南宋初年，朝廷的祭禮中，陶瓷器更大範圍的取代了青銅器。據《宋會要輯稿》記載的紹興四年（西元 1134 年）為進行明堂祭祀大典而準備的祭器數量和名稱，計用陶瓷祭器 716 件，而銅器僅 15 件。紹興十四年（西元 1144 年）禮器局成立後，各種禮儀的形式及禮器的樣式、材質被詳細的加以制定和推行，大部分祭祀用器改為瓷器。

　　除在中央官方禮制活動層面外，陶瓷器物還滲入地方禮制活動之中，在民間出現了以墓葬為表現場所的民間祭供禮器。有研究者發現，在長江下游地區的北宋墓葬中即有十分明確的祭祀空間，出現以執壺、盞、盞托、碗、盤、碟等形成的整套祭供器組合。在金元墓葬中，出現以爐為中心，配以一對瓶，以及碗、盤、碟等組合的祭供禮器，其中，爐為仿古形制。[008]臺灣學者謝明良透過研究北方地區元墓的出土陶器還發現，在元代後期，陝甘地區的祭供禮器形制與《三禮圖》一致，而洛陽地區的則與《宣和博古圖》關係緊密。

008　鄭漢卿：〈宋元仿古陶瓷研究〉，復旦大學 2014 年碩士論文。

三、波及民間的器物仿古及贋製

雖然禮器的仿古復古是廟堂之事，與民間器物的造作看似關係不大，然而，宋代復歸禮制的政治文化思潮，的確間接的將復古作為一種美學標準，植入到了整個社會，從審美層面將民間的造物設計導向了復古的道路。臺灣學者陳芳妹曾以香爐為例，討論宋代器物的變化。陳文以唐宋之際用於佛教場域的香爐形制的變化為例，論證宋代香爐逐漸由唐代的外來因素風格，轉變為具有三代復古風格的特徵，並以耀州窯所出的五足爐與鼎式爐的變化序列為旁證。此即陶瓷造型由金銀器傳統轉向青銅器傳統的開創。在復古文化思潮的帶動下，仿古器物在祭供禮器的功能之外，延伸至日常生活。由社會上層和精英階層所帶動的好古之風，不僅引領了仿古器物進入日常生活的陳設、賞玩與使用，還客觀上催生了古物的造假活動。

南宋官方祭禮中大規模用陶瓷仿商周青銅禮器之後，這些形制仿古的陶瓷，如穿帶瓶、觚式瓶、三足尊、簋式爐、鼎式爐、鬲式爐等，也隨即出現在宮廷和民間的日常生活之中。以最為多見的穿帶瓶為例，就經歷了從官方用器逐漸走向民間的過程。穿帶瓶，又稱「貫耳瓶」，其造型仿自商周青銅禮器，頸部兩側飾對稱貫耳，圈足兩側有對稱長方形穿孔，可上下穿帶。北京國家博物館現藏的南宋官窯貫耳瓶，直口闊腹，瓶側有筒狀貫耳與足部兩側長方孔相對應，釉色厚潤，端莊典雅，

是典型的宮廷用瓷。而南宋時期還有大量的貫耳瓶，卻是產自以燒製民間生活用具及各類文具為主的龍泉窯或其他窯口，很顯然其供給對象已經是普通大眾。杭州元代鮮于樞墓中出土過幾件龍泉青瓷，墓中除文房用具、戰國玉器、唐代青銅鏡等物品外，有三件龍泉窯青瓷，即一只龍泉窯粉青釉三足香爐和一對粉青釉貫耳瓶。這三件龍泉窯器物規格不大而形制有序，釉色溫潤，造型均為仿古。鮮于樞生活在宋元交替之際，這三件陪葬的南宋龍泉窯仿古器物顯示了在墓主人生活的時代，龍泉窯仿古陶瓷在普通文人生活中占有的分量。此外，南宋還出現了模仿古代玉器器形的瓷器，其中琮式瓶最有代表性。南宋琮式瓶仿照本地新石器時代良渚文化的玉琮外形並加以變化而來，以天圓地方之象徵而成為具有禮制意義的器物。臺北故宮博物院藏的南宋官窯青瓷琮式瓶，是非常典型的宮廷器物，仿自古玉禮器五節玉琮形制，方體圓口，平底無足，造型典雅，釉質溫潤。但南宋官窯琮式瓶存世較少，而供應民間的琮式瓶在目前來看較為多見。

　　稽古考古風氣之下，朝野上下搜求古代器物趨於狂熱。大觀二年（西元 1108 年），薛昂上奏對流傳民間的古代器物「宜博訪而取資」，朝廷還建造了專門的樓閣貯存古物，宣和殿就是當時專門收藏保管珍貴文物的最大建築。據陳均編撰的《九朝編年備要‧徽宗皇帝》記載：「又東入便門，至宣和殿，只三楹，

第一章　宋元時期的設計美學

左右掖亦三楹，中置圖書、筆硯、古鼎、彝罍⋯⋯」（《九朝編年備要·徽宗皇帝》卷二十八）大規模的收藏帶動文物沽價也日益攀升，這使得另一種畸形的仿古造作 ——「作偽」在民間悄悄出現並發展。葉夢得的《避暑錄話》中有描述：「宣和間，內府尚古器，士大夫家所藏三代秦漢遺物，無敢隱者，悉獻於上。而好事者復爭尋求，不較重價，一器有值千緡者。利之所趨，人競搜剔山澤，發掘塚墓，無所不至，往往數千載藏，一旦皆見，不可勝數矣。」[009] 考古博古以至於「天下家墓破伐殆盡矣」，狂熱搜求也觸發了器物的作偽。容庚的《殷周青銅器通論》認為，「宋明兩代大規模仿製古銅器，無形中在鼓勵作偽。上既仿製以崇古，下便偽造以圖利」。青銅器的作偽的確是伴隨著復古之風而興起的現象，南宋趙希鵠的《洞天清錄》中有「古鐘鼎彝器辨」二十條，即是介紹宋人偽造古代青銅器的方法以及識別古今之器的方法。雖然贗製之器與宮廷的仿古器物從文化性質上不可同日而語，但從客觀上說，贗製之物的出現和流通，也是當時造物復古主義潮流的一種另類表象，與宮廷的仿古造作共同營造了造物設計復古的氛圍。同樣，陶瓷器物也出現了類似青銅器物的作偽。受商業利益的驅動，宋代民間陶瓷和其他器物的造假也很常見。蘇易簡曾記：「魏銅雀臺遺址人多發其古瓦，琢之為硯，甚工而貯水數日不燥⋯⋯今之大名、

009　[宋] 葉夢得：《避暑錄話（下）》，《叢書集成初編》第 2787 冊，中華書局 1983 年版，第 59 頁。

相州等處，土人有假作古瓦之狀硯，以市於人者甚眾。」（《文房四譜》卷二）製假求售牟取利益本為不當，卻從側面反映出當世之時的消費人群對古代器物和仿古設計趨之若鶩的社會現實。

　　在復古文化思潮的帶動下，仿古器物除在祭供禮器的功能之外，延伸至日常生活。《洞天清錄·古鐘鼎彝器辨》有：「古以蕭艾達神明而不焚香，故無香爐。今所謂香爐，皆以古人宗廟祭器為之。爵爐則古之爵，㲯㹟爐則古踽足豆，香球則古之鬵，其等不一，或有新鑄而象古為之者，惟博山爐乃漢太子宮所用者，香爐之製始於此。」可以知道，宋代日常生活中由於焚香活動的興起，既有將古代祭器直接取用為香爐的，也有仿古新鑄的香爐。賦予古代祭器或仿古器物以新的功能，是社會菁英階層生活方式和文化觀念共同帶動下的產物。這種崇古好古之風，表現為日常生活器物的陳設、賞玩和使用中，也將造物和用物活動一併引入了復古主義的道路。正如《洞天清錄》有：「古人作事必精緻，工人預四民之列，非若後世賤丈夫之事。故古器款必細如髮而勻整分曉，無纖毫模糊。識文筆劃宛如仰瓦而不深峻，大小深淺如一，亦明淨分曉，絕無纖毫模糊。此蓋用銅之精者，並無砂顆，一也；良工精妙，二也；不吝工夫，非一朝夕所為，三也。」從選精材、用良工到不吝工夫，趙希鵠充分讚譽了古代器物及造物工匠的技藝與精神，又一次為復古主義的設計審美導向代言。

第二節
以物觀物和觀物以理：設計審美的哲學視角

　　從縱向看，宋代的思想與學術在中國歷史上可謂「復興」，最為突出的思想成就即是形成了激盪中國社會 700 年之久的理學。理學作為中國封建社會後期思想主流的意識形態，它與封建社會前期的「經學」，分別形成了中國思想文化史上前後兩座思維的高峰。儘管高峰的巍峨之下也有其陰影，但不能不說，它們代表著傳統中國的人文思想的高度，並分別涵蓋著不同的歷史階段，透過影響社會菁英而化育著整個社會。

　　北宋建立之初，被稱為「宋初三先生」的胡瑗、孫復和石介，在推動文化復古和儒學復興的過程中，對理學的建構形成了啟發，揭開了理學的序幕。胡瑗主張治國以儒，提倡「明體達用」；孫復作《春秋尊王發微》，以論證中央集權的封建國家形態；石介倡言「堯、舜、禹、湯、文、武、周、孔之道，萬世常行不可易之道也」。北宋中期可視為理學的形成期[010]，周敦頤、邵雍、張載和二程（程顥、程頤兄弟）代表的「北宋五子」，從不同方面探討了宇宙、人生的根本問題，提出了理學的基本範疇，從而為理學理論體系的形成奠定了基礎。之後，理

---

010 蒙培元一反理學研究的傳統觀點，視北宋周敦頤、邵雍、張載、二程的理學為形成期，視南宋朱熹為理學體系的完成者，從朱熹開始了真正意義上的理學演變。（蒙培元：《理學的演變：從朱熹到王夫之戴震》，方志出版社 2007 年版。）

學發展至朱熹而集大成，體系完備。「北宋五子」之一的邵雍，是理學建構期重要且獨具特點的人物，他援道入儒建立了具有易學特點而又兼綜儒道的思想體系。在邵雍的理論中，「觀物」思想具有很強的理學特色，並反映出具有理學特點的自然觀和審美觀，從某種程度上也呈現出宋代器物審美的哲學視角。

一、以物觀物

　　邵雍的《皇極經世書》是一部闡釋《易經》、《易傳》思想的著作，共十二卷六十四篇。首六卷〈元會運世〉凡三十四篇，次四卷〈聲音律品〉凡十六篇，次〈觀物內篇〉凡十二篇，末〈觀物外篇〉凡二篇。前六十二篇是邵氏自著，末二篇是門人弟子記述。其中「觀物篇」可看作是邵雍易理之學的理論大綱。其子邵伯溫說：「窮日月星辰飛走動植之數，以盡天地萬物之理；述皇帝王伯之事，以明大中至正之道。陰陽之消長，古今之治亂，較然可見矣，故書謂之《皇極經世書》，篇謂之『觀物篇』焉。」在如何窮盡宇宙、人事之規律的問題上，邵雍從認識論上提出了「以物觀物」的方法，「物理之學，或有所不通，不可以強通。強通則有我，有我則失理而入術矣」。（〈觀物外篇〉十二）對客觀事物之理的認識，不能為了形成看似完整合理的結論而主觀臆斷，作情妄為。正因為認識物理要排除主觀成見，邵雍提出了「以物觀物」這一命題：「以物觀物，性也；以我觀物，情也。性公而明，情偏而暗。」（《皇極經世全書解‧

觀物外篇十〉），並在〈伊川擊壤集序〉裡具體言明了「以物觀物」所指「是知以道觀性，以性觀心，以心觀身，以身觀物，治則治矣，然猶未離乎害者也。不若以道觀道，以性觀性，以心觀心，以身觀身，以物觀物，則雖欲相傷，其可得乎若然，則以家觀家，以國觀國，以天下觀天下，亦從而可知之矣」。即是，超越一己之侷限，盡可能從最接近事物本來的立場去觀察事物，用超脫了自我的視角去觀察萬事萬物之普遍的、客觀的情與理，甚至把自身也視為被觀察之「物」而客觀的予以審視。

　　邵雍「以物觀物」的認識和體驗方法，也來自其知識結構中易學所給予的觀念。邵雍年少時曾追隨李之才學習《周易》數術，得祕傳自陳摶之《先天圖》以研物理性命之學。在他追隨李師六年後，李之才去世。邵雍繼承師志，專心於象數易學，推演易圖，闡發哲理，建立了一套複雜、完整的先天象數學。他透過先天易學的象數圖式，推演了由太極而兩儀，由兩儀到四象，再到八卦，乃至天地變化而生萬物的宇宙生成模式。邵雍提出先天易學與後天易學之分際，主張把握天地變化之理，以窮人事興衰治亂之變，進而得理以應變無窮。在將易學分為先天易和後天易的基礎上，邵雍尤重先天易學，也將自身的主要成果歸屬其下。他創立「元會運世說」描述了天地萬物產生、發展和消亡的「開物 —— 閉物」過程，也即天地之成毀。在這樣的宏觀認知基礎和方法之下，他所觀的物是由天地人所構成的

整個世界及其運轉，「以物觀物」是認識客觀世界的基本方式。

　　邵雍「以物觀物」的認識和體驗方法，受到了道家觀照方式的影響。《老子》曰：「故以身觀身，以家觀家，以鄉觀鄉，以國觀國，以天下觀天下。吾何以知天下然哉？以此。」意即，主體只有排除了先見和情感的干擾，才可以還原事物的本來面目，才能通曉天下普遍之道。對於事情物理之學，道家著重研究天道之自然，強調客觀理性，強調不摻雜人為私慮的認知。「要觀物而又不為物所牽引，就必須放棄自我，不以情欲之心觀物，放棄對物的占有利用欲望，初虛其心，繼而以心為物，站在物的地位觀物，這時，我與物一道達到一種宇宙的高度。」[011]正如道家的體道活動強調「致虛靜，守靜篤」「心齋」、「坐忘」，要以澄明篤定之心去體道。《道德經》中有「聖人無常心」，也意謂不以一己之成見掩蓋事物的真相。邵雍的「以物觀物」也可作此理解，它是從「天理」出發達致澄明之境，而非從「人情」出發以一己之心造成晦蔽。邵雍之言「人心當如止水則定，定則靜，靜則明」即是此意。

　　基於這樣的哲學出發點，從認知和體驗上，他提倡意在強調沒有先入為主之見的「以物觀物」，全身心的浸透到對象中去獲取知識、獲得經驗。對於造物設計活動而言，則意味著「以物觀物」下的設計實踐，首先是一種尊重自然規律和事物發展

011　張法：《中西美學與文化精神》，北京大學出版社 1994 年版，第 299 頁。

第一章　宋元時期的設計美學

規律的活動，而不是違逆自然、違背事理的活動。「天有時、地有氣、材有美、工有巧」，上天之日月星辰、風霜雨露、陰晴雲晦，大地之山川河流、金木水土、四季輪轉，乃至人間之眾生眾業、技藝百工、搏埴雕鏤、思索繡染，都在「天道」之下產生，也勢必要以尊重萬物運行規律為前提而發展。因而，邵雍提出的「以物觀物」所宣導的是回到物本身，對於器物設計而言，還要重視器物本身的功能用途、重視生產器物的環境條件。重視器物本身的功能，其結果會帶來器物在設計上增加功能化考慮，而摒棄過多華而不實的裝飾，使器物回歸到最根本的使用目的。從宋代器物遺存中可以看到，日用生活器具以尋常生活的需求為旨歸，其門類之豐富、形制之精簡、法度之謹嚴為前代所未見。此外，重視器物生產製作的環境條件，勢必會使行業在不斷的反思調整中促成技藝的創新、工具的革新和制度的更新。事實顯示，宋代各行業手工藝技術和手工工具在成果累積的基礎上，都有了不同程度的創新，其中，陶瓷行業的製作技藝創新成果最為突出，生產水準也進步最快。就社會環境和制度而言，其構成了造物設計無形而又至關重要的大環境，是影響設計的重要因素；在宋代，坊市制瓦解、手工業政策調整等因素，為民間手工業基於工廠生產形態的繁榮創造了契機。[012]

---

012 以大量僱用勞動力出現為突出現象，宋代的大手工業工廠獲得了發展，但一般還是認為，因其主要是依附於商業而發展，其性質不能算是正式的手工業工廠，故而還算不上資本主義的萌芽。

二、觀物以理

　　在古代中國的話語表述中，「觀」既是一個具有視覺意義的概念，也是一個超越視覺感知的概念。《說文解字》曰：「觀，諦視也。」「觀」，意謂仔細的看，其造字的原始意義即是用眼睛看物象及其變化。《周易・繫辭下》裡的「觀」，最早即是這個意思，「古者包犧氏之王天下也，仰則觀象於天，俯則觀法於地，觀鳥獸之文與地之宜，近取諸身，遠取諸物，於是始作八卦，以通神明之德，以類萬物之情」。正如前文談到的「以物觀物」，作為一個視覺意義上的概念，「觀」在具體使用中也逐漸被引申為對自然宇宙的事情物理的觀察和思考。因而，「觀」不僅是視覺上的掌握，更有對現象世界種種規律的揣摩和對對象呈現情態帶有審美意味的感知體驗。也就是說，中國傳統文化語境中的「觀」可以理解為一個哲學和美學的範疇，如「心觀」、「遊觀」、「流觀」、「反觀」等概念，都不同程度的和美感經驗乃至形而上思維有所連結。因此，邵雍認為只有善於「觀物」，才能「盡天地萬物之道」。以易學而名世的他十分推崇《周易》宣導的「窮理盡性」原則，於是，在強調客觀普遍規律掌握的「以物觀物」的基礎上，邵雍又提出了「觀物以理」的命題。在〈觀物內篇〉中，邵雍指出：「夫所以謂之觀物者，非以目觀之也。非觀之以目，而觀之以心也，非觀之以心，而觀之以理也。」由目及心，進而由心及理，他強調觀物是一個不斷

超越的過程，而置於最後的標準 ——「理」是通往事物本質和
終極的「觀物」途徑，明「物之理」，知「天之性」，才能通達
至高之道。首先，「非觀之以目，而觀之以心也」，說明對於時
空、萬物的體驗和掌握要全身心投入，而非僅依靠感官進行感
知；其次，「觀物」的最高形式是「觀之以理」，所謂「理」，
具體而言，可以是指向外在自然萬物的「物理」，也可以是指向
內在人性事情的「性理」；最後，「觀物以理」之「理」是先驗
存在的，正如朱熹所言，凡「器之理」皆「無形無影」，「雖未
有物而已有物之理」。以「理」為前提和參照去窮盡物性事情，
從某種程度上，為客觀世界事物由生而滅的過程，賦予了一種
形而上的意義，也提升了對象在客觀世界的層次。

　　宋代器物設計所表現出的設計思維，和理學中「觀物以理」
的觀念和態度有著內在關聯。對「理」的重視和強調，轉化為
器物本身形式與功能的完美和洽，成為宋代器物設計思維的主
流。從整體上，宋代器物在功用審美上較前代更趨內斂。一方
面，由於使用功能和價值與器物內蘊之「理」連結在一起，器
物更趨向於適用於人；另一方面，器物的感性形式在合理性的
驅動下，也更趨向於凝鍊。朱熹說，凡「器之理」皆「無形無
影」，「雖未有物而已有物之理」，是說「器之理」是無法從有
形之處揣摩和掌握的，其深蘊在器物之中，只有透過人的使用
才能顯現出來。因此，「器之理」表現為器物與人的關係，表現
為器物與其他器物的關係。真正的「器之理」既非器物外在形式

的某種特徵，也非器物功用工具性的實現，而是在尊重自然物性等客觀因素的前提下，器物在形式和功能上的完美統一。歐陽修日「道尚取乎返本，理何求於外飾」（《文忠集‧卷七十四‧斫雕為樸賦》），正可以詮釋宋代造物設計中理學精神的內涵。歐陽修還在〈古瓦硯〉一文中寫道：「磚瓦賤微物，得廁筆墨間。於物用有宜，不計醜與妍。金非不為寶，玉豈不為堅。用之以發墨，不及瓦礫頑。乃知物雖賤，當用價難攀。豈惟瓦礫爾，用人從古難。」他提出的「物用有宜」而不關乎外飾，是器物功用「合理」的美學表達。對於器物需要透過其功能實現適用於人的觀點，王安石也有過闡述，並且認為這是器物之所以為器物的根本。他在〈上人書〉中說：「要之以適用為本，以刻鏤繪畫為之容而已。不適用，非所以為器也。不為之容，其亦若是乎？否也。」當「理」在器物中呈現時，形式與功能既不牽強也毫無割裂，而是在人的使用或把玩中圓融無洽、通透無礙的呈現出來。器物在使人獲得基於合理性的身心滿足的同時，其美感也得以自然呈現。理學精神在宋代造物設計中的影響既是潛在的，也是顯在的，宋代的典型器物或多或少也存在著某種可以勉強用「風格」概括的共同特徵。正如尚剛所說，宋代「典型的作品雖然精工細作，但絕不炫耀技巧，不會使人驚詫錯愕，而是追求含蓄天然，期望令人親近，能於淡中見濃、淺中顯深、平中寓奇，這也正是民族文化的精髓」[013]。

---

013 尚剛：《中國工藝美術史新編》，高等教育出版社 2007 年版，第 269 頁。

第三節　理學影響下的設計知識探究

　　作為一種有著哲學化傾向的儒學，理學更趨向於系統而邏輯的建構從個體生命到自然宇宙的認知和價值，更多內容超越了傳統儒學過多的政教和道德觀念說教。以理學為內容的宋代思想和學術的復興，是形而上之「道」的成就，也對形而下之「器」影響至深。而宋代儒學本身對「道」、「器」關係就有許多清晰而明確的表述，這些表述將現象世界包含的客觀物理事理的價值，予以充分梳理和彰顯，並提升到了形而上的高度。二程和朱熹所代表的程朱理學中，尤其重視對現象世界的關注，也尤其主張對客觀事物之理的窮盡。程朱思想將理學關注現象世界以建構客觀知識、窮究天人之道的一面表現了出來，是宋代儒學很明顯的特點，這在不同層面上，引導了宋代關於古今器物知識的累積和造物設計的審美。

一、「道」、「器」再討論

　　在上古的造物觀念中，「道」與「器」的關係就有過清晰的呈現，作為現象世界內容之一的器物和製器活動，是自然普遍規律的表達，人們透過製器感受自然與人本身，力求達到主體與客體、內在與外在的和諧統一。這種道器觀始自《易》，後來各家著述有關造物製器之言論中都時有表述，也都將造物製器與形而上的哲學思考相關聯。而宋代思想家的再次梳理，不僅

重申了「製器尚象」、「器下道上」的論點，而且透過對以物體道的論述，為「道」、「器」之間打開了通途。

上古觀念中的器物即已不僅是用具和工具，它在彰顯人類改造自然、呈現人的主體價值的同時，更強調透過器物和製器活動嘗鼎一臠，在觀察自然後模仿創成以表現天地大道。故《周易·繫辭上》云，「是《易》有聖人之道四焉：以言者尚其辭，以動者尚其變，以制器者尚其象，以卜筮者尚其占」。器象與言辭、動變、卜占異體而同質，是聖人用於體道的四種法門之一。製器尚象是對人類實踐活動過程的凝鍊，「見乃謂之象，形乃謂之器，制而用之謂之法」，造物以備致用之功外，造物更是按照一定的方法去感知、體悟和呈現自然運行規律的方式。「是故形而上者謂之道，形而下者謂之器。化而裁之謂之變，推而行之謂之通，舉而錯之天下之民謂之事業。是故夫象，聖人有以見天下之賾，而擬諸其形容，象其物宜，是故謂之象。」（《周易·繫辭上》）製器的目的在於尚象，由「象」而接近聖人之道，因「道」蘊於「象」中，「製器」藉模仿「象」而「體道」。因此，製器既要符合人倫物理而展現自然規律，但又不能僅僅止於實用，而要「極數而定天下之象」，進而成就「天下之務」。

時至宋代，以物體道的造物思維已然歷經了千年的認可和傳承，然而，在重提周孔之道和理學建構的語境之下，宋代思想家對之又有了重新的申明和闡發。張載《橫渠易說·繫辭上》

有云：「形而上是無形體者也，故形以上者謂之道也；形而下是有形體者，故形以下謂之器。無形跡者，即道也，如大德敦化是也；有形跡者，即器也，見於事實，如禮儀是也。」張載以形來分道、器。道是無形跡的，器是有形跡的。二程則對道器論有更多的闡發。程頤在重申形而上與形而下區分的同時，強調「道」相對於「器」的抽象性，認為世上無論何物，其中必然有道：「凡眼前無非是物，物物皆有理。如火之所以熱，水之所以寒，至於君臣父子間皆是理。」道在自然界中表現為事物運行的規律和法則，在社會中則是倫理道德，而道的認知方法就是「格物致知」，以知其所以然。在程頤看來，器和道不僅是有形與無形的區別，而主要是「其然」與「所以然」的關係。而程顥的觀點，主要在於闡述了「體道」的主觀性和道器不離的規律。程顥云：「形而上為道，形而下為器，須著如此說，器亦道，道亦器，但得道在，不繫今與後，己與人。」[014] 他認為由於在具體的事物中體道有賴於人的主觀默識，對道的認知也來源於內心。進而他認為客觀的宇宙即是主觀的本心，於是，「只心便是天，盡之便知性，知性便知天，當處便認取，更不可外求」。在道器不離的觀點上，朱熹與程顥有相似的闡發，他說：「天地中間，上是天，下是地，中間有許多日月星辰，山川草木，人物禽獸，此皆形而下之器也。然這形而下之器之中，便各自有個道理，此便是形而上之道。所謂格物，便是要就這

---

014 [宋] 程顥、程頤：《二程集》，中華書局 1981 年版，第 4 頁。

形而下之器，窮得那形而上之道理而已。」(《朱子語類·卷六十二·中庸》)朱熹充分肯定了「器」之價值，曰：「小道不是異端，小道亦是道理，只是小。如農圃、醫卜、百工之類，卻有道理在。」(《朱子語類·卷四十九·論語》)甚至說：「然器亦道，道亦器也。道未嘗離乎器，道亦只是器之理。」(《朱子語類·卷七十七·說卦》)既然道在器中、道器不離，那麼，道器之間甚至不必再有界限。[015]這種觀點在宋代以前是從未有過的。西山學派真德秀說得更為清晰明白：「且如燈燭者，器也；其所以能照物，形而上之理也。且如床桌，器也；而其用，理也。天下未嘗有無理之器，無器之理，即器以求之，則其理在其中，如即天地則有健順之理，即形體則有性情之理，精粗本末初不相離，若捨器而求理，未有不陷於空虛之見，非吾儒之實學也。所以大學教人以格物致知，蓋即物而理在焉，庶幾學者有著實用功之地，不至於馳心於虛無之境也。」(《西山文集·卷三十·問大學只說格物不說窮理》，載文淵閣《四庫全書本》)於物中求理，道器不分離，使得理學在易學的基礎上發展，對形而下之器的關注更為切實。

---

015 在總結和發揮張載、朱熹學說的基礎上，明末清初王夫之在「道器不離」的基礎上對其內涵和關係做出進一步闡說，「上下無殊畛，而道器無易體，明矣。天下惟器而已矣。道者器之道，器者不可謂之道之器也」。形而上者不能離開具體的事物先存在，須是從具體的形器中顯現出來，因而，不存在脫離具體形器而獨立運行的道。「道」是隱含在人所能見的具體事物中的普遍規律、法則和功用。因而，在認識論上王夫之主張「盡器明道」，即從具體事物中發現一般的規律和法則，還認為應該「盡道審器」，再從一般規律和法則返回具體事物，辨明其合理性。

第一章　宋元時期的設計美學

　　始自《易經》的道器論經千年沉寂，在宋代伴隨著儒學復興和理學建構被置於關注的中心，宋儒從不同角度對其內涵加以闡釋。在重提周孔之道和理學建構的文化語境下，宋代思想家對道器內容與關係的論說，從某種程度上為這個時代的幾乎所有實踐活動，勾勒出了一條理性的脈絡。尤其是宋儒推演出的道在器中、道器不離的關係，對上古以來上下分殊的道器關係，做出了某種調整。不可否認，在《易經》及其後反覆表述的道器關係的上下分殊中，或多或少的隱含著重道輕器的觀念，而這種觀念也正是「形而下」者長久以來未被認真注視的內在原因。宋代主要思想家再次討論道器內涵和關係，雖各有不同側重角度，而其表現出的共同特點是更多的闡說「道」、「器」之關聯而非差異，並逐步將長久以來的道器分途，轉變為道器不離的關係闡述。

　　在道器關係的新認知之下，對客觀現象世界事情物理的窮究，展現出超越一般實踐活動的價值，「格物致知」開始為程朱理學所積極倡議，並被儒家學者躬身實踐。「格物致知」一語始見於《禮記‧大學》：「古之欲明明德於天下者，先治其國；欲治其國者，先齊其家；欲齊其家者，先修其身；欲修其身者，先正其心；欲正其心者，先誠其意；欲誠其意者，先致其知，致知在格物，物格而後知至。」在以物體道、道器不離被廣泛認可的前提下，「格物致知」被賦予了體認論的意義。二程和朱熹依據其哲學邏輯結構的需求，把「格物致知」作為體認形而

上的「理」的方法。二程說：「涵養須用敬，進學則在致知」，「致知在格物」。「格物」而「窮理」，「窮理」才能「致知」，「格猶窮也，物猶理也，猶日窮其理而已也。若日窮其理云爾。窮理然後足以致知，不窮則不能致也」。[016] 又說，「自一身之中至萬物之理，但理會得多，相次自然豁然有覺處」。二程所講的「萬物」包括所有的事物，「物」是「格」的對象，也是其獲得體認、印證先驗之「理」的源頭。「致知格物」在於「即物窮理」，透過「格物」的工夫，而達到「窮理」的目的，由「物」而返回到「理」。在「格物致知」強調面向客觀事情物理的觀察與體認中，理學建立了由現象世界而通達理念世界的道路，並最終指向一種價值。這對於喚醒人們對客觀知識的探求欲產生了積極作用，也引導了整個知識階層探究學習的內容和方向。

二、古器物知識的探究

如前所述，在宋代文化復古的導向下，器物設計復古仿古成風；而設計製作的復古仿古需要建立在對古器物本身的深入掌握之上。因而，有關造物成器的歷史淵源、傳承轉變、工藝技術、真贋辨別，在宋代成為最受關注的領域之一，以收藏、傳拓、著錄、考訂的方式研究器物，即形成了我們今天所說的宋代的「古器物學」。哲宗時李公麟的《考古圖》雖已無存，但其序言的部分文字在《籀史》中得以留傳，主要內容也在《鐵圍

---

016 [宋] 程顥、程頤：《二程集》，中華書局 1981 年版，第 1197 頁。

第一章　宋元時期的設計美學

山叢談》等宋人筆記中有所記載。李公麟在《考古圖》序言中說：「聖人製器尚象，載道垂戒，寓不傳之妙於器用之間，以遺後人，使宏識之士，即器以求象，即象以求意，心悟目擊命物之旨，曉禮樂法而不說之祕。」以「再現三代」的文化復古理想，作為學術研究和造作使用的旨歸，使得宋代古器物學在凸顯現實意義的同時，也具有明顯的研究性特色。王國維在《宋代之金石學》中說過：「天水一朝，人智之活動與文化之多方面，前之漢唐，後之元明，皆所不逮也。近世學術，多發端於宋人。」王國維高度推崇宋代對於古代禮樂制度和器物的研究，說：「凡傳世古禮器之名，皆宋人所定也。曰鐘、曰鼎、曰鬲、曰甗、曰敦、曰簠、曰簋、曰尊、曰壺、曰盂、曰盤、曰匜、曰盦，皆古器自載其名，而宋人因此名之者也。曰爵、曰觚、曰觶、曰角、曰斝，古器銘辭中均無銘文，宋人但以大小之差定之，然至今日仍無以易其說。」指出了宋代對傳統器物及制度具有開創性特點的研究這一龐大貢獻。

宋代學者對於古器物研究的內容和方法已趨於詳備，近人朱劍心評論其研究類型，「大約不出於著錄、摹寫、考釋、評述四端，有存其目者，有錄其文者，有圖其形者，有摹其字者，有分地記載者，有分類編纂者，或考其時代，或述其制度，或釋其文字，或評其書跡」[017]。豐富的圖錄、敘錄文獻是宋代古器研究成果的集中呈現，展現了宋代器物學在設計知識探求上

017　朱劍心：《金石學》，上海書店 1920 年版，第 28 頁。

的成果。據《籀史》記載，北宋至南宋初年成書的古器物著錄研究書籍達 34 種之多，容媛《金石書目錄》所計流傳至今的金石研究文獻有 29 種。其中既包括如皇家編撰的《皇佑三館古器圖》（已佚）、李公麟的《考古圖》（已佚）、劉敞的《先秦古器圖碑》（已佚）、呂大臨的《考古圖》、趙九成的《續考古圖》、王黼的《宣和博古圖》等在內的重要圖錄和著述，也包括如薛尚功的《歷代鐘鼎彝器款式法帖》、王俅的《嘯堂集古錄》和王厚之的《鐘鼎款識》等不附器物圖而是集錄銘文加以考釋的著述。有研究者將這些文獻分為敘錄文獻和圖錄文獻兩大類。[018] 敘錄文獻是指在通常器物分類的前提下，用文字描述器物的形制、款識和相關器物內容；圖錄文獻則是指透過描摹圖像來記載器物相關內容。如呂大臨《考古圖》收錄當時宮廷及私人所藏古青銅器和古玉器 200 餘件，加以編類整理，每器皆摹繪圖形、款識，記錄尺寸、容量、重量和出土地、收藏處等。整體而言，編撰目錄、採輯銘文、考證經史、繪製圖譜這幾個不同的側面，是宋代古器物文獻的基本著述內容。正如劉敞在其《先秦古器記》中所說，在古器物研究中，「禮家明其制度，小學正其文字，譜牒次其世諡，乃為能盡之」。

　　除專門的古器物著述和圖錄外，宋代文人筆記中也有散見的關於古器物的知識敘述。筆記，作為一種論著形式出現於東

---

018 趙寧：〈宋代古器物學的文化背景及北宋古器圖錄綜考〉，天津師範大學 2007 年碩士論文。

漢，成熟於唐，大盛於宋，對於宋代學術發展具有不可忽視的作用。容庚先生在〈宋代吉金書籍述評〉中就曾提出：「宋人筆記，時有及於古器者。……其於當日士大夫之崇尚，器之名稱、形狀、花紋、色澤之研究，及真偽之鑑別，均有記述。即有言過其實，亦可為之考定。」並認為，有必要整理一份《宋代考古叢談》，於「古器之外，磚、石、竹、木不妨兼收」。目前，中國設計學領域暫時沒有對宋人筆記的系統性研究，考古學領域已有學者對宋代筆記中的古器物學材料，做了較為系統的輯錄、整理。[019] 結合藝術史研究成果，初步統計，包含關於器物內容和資訊的宋人筆記已逾百部。有的是系統的長篇論述，也有的僅是隻言片語。其中，論及古器物內容比較豐富的，有趙希鵠的《洞天清錄》、周密的《雲煙過眼錄》、黃伯思的《東觀餘論》、洪邁的《容齋隨筆》、趙彥衛的《雲麓漫鈔》、高承的《事物紀原》等。宋人筆記有些時候其內容是作為社會生活史的一部分而出現的，因而其中許多古器物學材料也比較分散，但其價值卻是顯而易見的。如洪邁的《容齋隨筆》對歷代典章制度、史書、文學、語言文字、天文律曆、古代文物等，考據精確、論述深入，其中對先秦文獻中提到的犧尊、象尊的形制，洪邁在筆記中就透過考證，闡明了其認知正與三國曹魏王肅的「犧象二尊，並全牛、象之形」的說法一致。[020] 另如，趙希鵠

019　林歡：《宋代古器物學筆記材料輯錄》，上海人民出版社 2013 年版，第 1 頁。
020　對先秦文獻中提到的犧尊、象尊的形制，歷來有多種猜測：或認為犧尊是以「鳳皇

的《洞天清錄》記載古器書畫，凡一百六十則，涉及古琴、古硯、古鐘鼎彝器、怪石、硯屏、筆格、水滴、翰墨真跡、古今石刻、古畫等，洞悉源流，辨析精審。其中，就有對青銅器鑄造的重要工藝「失蠟法」的記載，這也是迄今所見最早、最具體的關於先秦青銅器鑄造中「失蠟法」的具體記述。[021]

　　無論是專門的古器物學著述，還是散見於筆記中的古器物學資料，都展現了宋人對古器物知識的重視。因而，這些文獻之中時時透出一種「傳諸後世」的意識。正如趙明誠的〈金石錄：原序〉中有云，「是金石之固，猶不足恃，然則所謂二千卷者，終歸於磨滅，而余之是書有時而或傳焉」。歐陽修則是懷著「集聚多且久，無不散亡」的憂慮開始了著錄，以期能夠久傳。這種傳諸後世的願望始終貫穿於宋人的古器物學著作中，莫不是理學「格物致知」觀影響的結果，使得古器物學研究與著述，得以成為探究客觀世界並建構器物知識的重要實踐。

羽毛」裝飾之尊，或認為是以翡翠裝飾之尊，象尊為用象的骨骼裝飾之尊，或認為犧尊、象尊分別指描畫有牛、象圖形之尊，又或認為犧尊、象尊分別指鑄造成牛、象之形，鑿空其背部用來盛酒、水的容器。

021 《洞天清錄》裡有：「古者鑄器，必先用蠟為模，如此器樣，又加款識刻畫，然後以小桶加大而略寬，入模於桶中。其桶底之縫，微令有絲線漏處，以澄泥和水如薄糜，日一澆之，候乾再澆，必令有周足遮護。訖，解桶縛，去桶板，急以細黃土多用鹽併用紙筋，固濟於元澄泥之外，更加黃土二寸。留竅，中以銅汁入。然一鑄未必成，此所以為之貴也。」

三、生產性知識的累積

如前所述，在道器關係的新認識之下，對客觀現象世界事情物理的窮究，展現出超越一般實踐活動的價值，「格物致知」開始為程朱理學所積極倡議並被儒家學者躬身實踐。「天下之物，莫不有理」，「格物致知」強調知識階層不僅應該博聞強識，還應去探索客觀世界的內在之「理」。這對喚醒人們對客觀知識的探求欲產生了積極作用，也引導了整個知識階層探究學習的內容和方向。正所謂「夫觀百物然後識化工之神，聚眾材然後知作室之用」（《近思錄》），其精神強調，要投身到對現象世界的親身探索中去，才能在理念世界建立更為可靠的依憑。宋代科學技術的發展和成就，用事實證明了程朱理學提倡探求事情物理的價值。理學本身具有的思辨精神和抽象性特點，給予自然科學中的邏輯方法以很大啟示，而理學具體而微的「格物致知」則為各領域的知識累積了豐富的內容。科學史家李約瑟在《中國科學技術史》中，曾論證過理學對當時自然科學的「黃金時代」形成的作用，他說：「宋代理學本質是科學性的，伴隨而來的是純粹科學和應用科學本身的各種活動的史無前例的繁盛。」理學影響下的學術風氣，是將人們的關注力和探究力納入寬廣浩大的客觀現象世界，去不斷觀察、認知和揣摩萬事萬物的運行和規律。對普遍之「理」的追索成為一種驅動，促使人們更自覺的投身於科學技術的發展。宋代手工業生產知識和技術

的累積，正是以宋儒對「理」的尊崇為前提的，沒有「求理」之風氣，就不可能在兩宋至元代集中的出現對手工業各門類和行業中生產性知識的記載和總結。以下試圖透過相關文獻來描述這種狀況和趨勢。

（一）《夢溪筆談》

　　沈括撰寫的筆記體著作《夢溪筆談》，是北宋時期最重要的綜合性技術文獻，涉及自然科學、工藝技術及社會歷史現象，而其中的生產性知識尤為豐富。《夢溪筆談》共 30 卷，其中〈筆談〉26 卷，〈補筆談〉3 卷，〈續筆談〉1 卷。全書有十七目，凡 609 條。〈筆談〉26 卷，分為 17 門，各卷依次為「故事、辯證、樂律、象數、人事、官政、機智、藝文、書畫、技藝、器用、神奇、異事、謬誤、譏謔、雜誌、藥議」。〈補筆談〉3 卷，包括上述內容中的 11 門。〈續筆談〉1 卷，不分門。如〈筆談〉卷十八「技藝門」就記載了畢昇的泥活字印刷術，是世界上最早的關於活字印刷的可靠史料。[022] 又如，關於戰國時期銅鏡

---

022 慶曆中有布衣畢昇，又為活板。其法用膠泥刻字，薄如錢唇，每字為一印，火燒令堅。先設一鐵板，其上以松脂、蠟和紙灰之類冒之。欲印，則以一鐵範置鐵板上，乃密布字印，滿鐵範為一板，持就火煬之；藥稍熔，則以一平板按其面，則字平如砥。若只印三二本，未為簡易；若印數十百千本，則極為神速。常作二鐵板，一板印刷，一板已自布字，此印者才畢，則第二板已具，更互用之，瞬息可就。每一字皆有數印，如「之」、「也」等字，每字有二十餘印，以備一板內有重複者。不用，則以紙帖之，每韻為一帖，木格貯之。有奇字素無備者，旋刻之，以草火燒，瞬息可成。不以木為之者，文理有疏密，沾水則高下不平，兼與藥相黏，不可取；不若燔土，用訖再火令藥熔，以手拂之，其印自落，殊不玷汙。

第一章　宋元時期的設計美學

工藝中透光鏡的原理也有記載和分析。「透光鏡」的奇特在於，當光線照在鏡面上，鏡面相對的牆面也會映出鏡背的紋飾。《夢溪筆談》中詳細的解釋了其原理，即在鑄鏡時，薄處先冷，厚處後冷，而銅的收縮性大，使鏡面各部分出現了鏡背紋飾相對應的凸凹不平的曲率差異，從而造成了花紋雖在背面，鏡面卻隱然有跡的現象。一經日光照射，背面的紋飾就會反射出來。此外，已佚的木作建築文獻及建築成就 ── 喻皓的《木經》也賴《夢溪筆談》而得以傳世。《夢溪筆談》記載了喻皓在《木經》中將傳統木結構建築分為「上分」、「中分」和「下分」三個部分的設計思維和營造方法 [023]；還記述了在修建杭州梵天寺木塔時，喻皓用鐵釘在各個方向上固定而構成了若干交叉的穩固平面，解決了由於各層之間不固定，塔會搖晃的問題。《夢溪筆談》的成書，在反映歷代技術成果和設計水準的同時，也反映了著者的興趣所在和知識水準，如果不具備對手工業的切實關注、不具備較高的知識素養，也斷然不可能有這部代表性的成果問世。

（二）《陶記》

如果說《夢溪筆談》是以其綜合性而具有代表性，那麼還有許多著作則是因其對具體手工業生產門類的專門記載而具有價值。其中，作為中國現存最早以陶瓷為內容的《陶記》一

---

023 營舍之法，謂之《木經》，或云喻皓所撰。凡屋有「三分」：自梁以上為「上分」，地以上為「中分」，階為「下分」。（《夢溪筆談》卷十八·技藝·喻皓《木經》）

書，也是反映陶瓷行業設計生產知識極有價值的文獻。據清康熙二十一年（西元 1682 年）的《浮梁縣志》可知，《陶記》的作者為蔣祈。蔣祈何人，其生平時代又是如何，一直未有定論。1980 年代初，陶瓷考古學者劉新園先生根據《浮梁縣志》考證，《陶記》著於南宋嘉定七年至端平元年間（西元 1214 至 1234 年），但也有學者認為此書乃元代成書。至今，《陶記》成書時間仍存在「南宋說」與「元代說」兩種觀點。《陶記》全文共千餘字，較全面系統的記述了當時景德鎮瓷器的生產組織形式、陶工工種狀況，原材料的選擇和來源，器物的名稱、種類和樣式，釉料的製備與裝飾方法，瓷窯形式和裝燒工藝、火候，乃至瓷器的行銷以及賦稅狀況等。尤其是其從流程的角度，將「相瓦」、「障窯」、「報火」、「挑選窯」、「店簿」、「非子」等「窯之綱紀」一一闡說，描繪出宋代景德鎮製瓷業的詳實圖景。此外，作者還就瓷器的種類用途進行了詳盡的分類敘述。儘管對《陶記》的作者蔣祈所知甚少，但作者對生產性知識的系統而具體的記述，卻已清晰的說明了其著述的立場，也折射出一個時代對客觀事物的應用性知識和技術的重視。

（三）《梓人遺制》和《營造法式》

在應用於建築、車輿和紡織機具的匠作知識領域，也有兩部堪稱傑作的文獻遺存，那就是由元代工匠薛景石撰寫的《梓人遺制》，和北宋李誡奉敕編修的《營造法式》。薛景石的《梓

人遺制》專門記述了木工的製作技藝，其內容因被收入明初官修類書《永樂大典》而得以保存。然而，隨著《永樂大典》經年的流失，現存《梓人遺制》的內容也僅是原書的一小部分，更顯其彌足珍貴。《梓人遺制》現存的內容包括了車制、門制和紡織機具三部分，圖樣十二幅。其中，關於紡織機具的部分被關注得最多。由於記載了歷史上的數種紡織機具，並有詳細的尺寸標準，《梓人遺制》為復原古代的紡織機具提供了詳細的資料。到了 1980 年代，《梓人遺制》中關於門制（格子門、板門）的內容，被陳明達先生發現和確認，其對於建築小木作的價值也有了進一步的研究。目前，已有研究者對門制部分進行了研究，其總結了這一部分對格子門和板門的材料、做法和功限的內容，並透過與《營造法式》相關內容對勘，總結出《梓人遺制》與《營造法式》存在明顯的繼承關係。[024] 而關於車制的研究更是稀見，目前僅有一篇碩士學位論文做出了較為詳實的專門研究。[025]《梓人遺制》所繪製的設計圖樣雖存留不多，但細膩而微，正如段成己在《梓人遺制》序中所言：「每一器必離析其體而縷數之。分則各有其名，合則共成一器。規矩、尺度各疏其下，使攻木者攬焉，所得可十九矣。」可見，在器物總圖之外還有部件的細節圖，呈現出宋元著述圖文結合的特點。「詳

---

024 張昕、陳捷：〈《梓人遺制》小木作制度釋讀──基於與《營造法式》相關內容的比較研究〉，《建築學報》2009 年第 S2 期（學術論文專刊），第 82—88 頁。

025 張萬輝：〈梓人遺制車制內容研究〉，山西大學 2017 年碩士論文。

之以圖」的方式，使得這部著作能夠更好的對同行業的工匠進行實質性的指導，並能給予工事的監管者參考，這也正是宋元手工業技術著作共同的價值目標。崇寧二年（西元 1103 年）出版的《營造法式》，則早已是建築史上的經典。《營造法式》詳述了宋代建築包括制度、作法、用工、圖樣等在內的內容，對所涉及的壕寨、石作、大木作、小木作、雕信、旋作、鋸作、竹作、泥作、彩畫作、磚作、窯作等工種也有詳實記錄。作為一部官方營建活動的規範性文本，其成果和價值使其被關注和研究得已經非常充分，在此無須贅述。《梓人遺制》和《營造法式》這兩部著作，幾乎可以囊括當時手工業領域關於建築、車輿和紡織機具的所有匠作知識，是一個豐富、完備和客觀的知識系統，幾乎沒有此前匠作類著述中或多或少帶有的神祕意味。有意思的是，《梓人遺制》和《營造法式》正好來源於社會階層的兩端，前者是出自躬身勞作的匠人之手，後者是官方敕令的產物，然而兩者的知識在極大程度上表現出一致性。或許可以理解為，只有在知識不再具有貴族化身分的社會條件下，這個時代的知識和技術才有可能在共享中獲得更大的開發，也更有機會走向客觀和理性。

（四）《農器圖譜》

在以農業為本的古代中國，農業領域的生產性知識一直是受關注的焦點，「勸農、教稼」也是各歷史時期永恆的主題。

第一章　宋元時期的設計美學

《農器圖譜》是元代王禎記載農業生產工具器具的專門性著作，也是組成其《農書》的三部分之一。《農器圖譜》將農器劃分為二十門，這二十門又歸納為田制、食物生產和衣物生產三部分，其中食物生產部分占十四門，衣物生產五門，田制一門。正如鄭樵所言，「凡器用之屬，非圖無以製器」、「別名物者，非圖無以別要」，王禎在書中也採用了圖釋圖解法。《農器圖譜》將設計圖、文字說明及農事詩結合，形成了詳實、準確而實用的圖譜式農書。王禎的《農器圖譜》對農業生產工具器具的總結，在宋元時期並不是首創，而是從南宋曾之謹的《農器譜》繼承發展而來。曾之謹為北宋人曾安止的侄孫，《農器譜》是為補曾安止《禾譜》而作。[026] 曾之謹《農器譜》原書已佚，其大致內容資訊來自周必大為該書所作的題序。據考，王禎的《農器圖譜》與曾氏《農器譜》相比，完全相同的有：耒耜門、至刈門、蓑笠門、條簣門、杵臼門；稍有改動的有：「耨鎛」改為「錢鎛」，「倉庾」和「斗斛」合作「倉廩」，「釜甑」改作「鼎釜」，「車戽」變為「灌溉」；新增加的有田制、钁臿、杷杴、舟車、利用、牟麥、蠶繅、蠶桑、織紝、纊絮、麻苧等門。[027]《農器

026　曾安止（西元 1048 至 1098 年），字移忠，吉州太和（今江西泰和）人，著《禾譜》。紹聖元年（西元 1094 年），蘇東坡遭貶南遷，過泰和時見到曾安止，作〈秧馬歌〉附於《禾譜》書後，稱其「文既溫雅，事亦詳實」，又嘆「惜其有所缺，不譜農器也」。但當時曾安止已經失去了目力，無力補寫。直至一百多年後的南宋，曾安止的侄孫曾之謹著《農器譜》三卷以補之。

027　曾雄生：〈《農器圖譜》和《農器譜》關係試探〉，《農業考古》2003 年第 1 期，第 152—156 頁。

圖譜》和《農器譜》最大的區別，在於增加了紡織生產工具，以
踐行其認為「農桑」為「衣食之本，不可偏廢」的觀點，故「特
以蠶具繼於農器之後，冀無缺失云」。紡織生產工具的增加，
使「農器譜」的內容在調整的基礎上更趨於全面，也使得《農器
圖譜》成為宋元時期最具總結性的農業生產工具器具著作。

（五）《考工記》的專門研究

　　這個時代對客觀事物的應用性知識和技術的重視，除了表
現為各手工業門類專門性著述的出現，還表現為對經典匠作著
述《考工記》的重新研究上。由於《考工記》一直是作為儒家經
典《周禮》的一部分而出現的，自其出現直至宋代以前，學者
對《考工記》的研究，都是透過對《周禮》的研究來完成的。漢
唐關於《考工記》的注釋和研究影響較大的，存在於東漢鄭玄
的《周禮注》和唐初賈公彥的《周禮義疏》中。由於《周禮》本
身記載了許多古代典章制度，涉及的名物制度也較複雜，因而
對《考工記》研究也偏重於注釋、訓詁和闡發義理。在宋代藉
《周禮》研究而生的《考工記》研究仍然不少[028]，然而值得注意
的是，除此之外，宋代開始出現了對《考工記》的專門研究，研
究《考工記》的單行本亦有數種面世。其中，已經失傳的有陳祥

028　如王安石的《周官新義》中附有〈考工記解〉、王昭禹的《周禮詳解》中從卷
　　三十五至卷四十有對《考工記》的注解、王與之的《周禮訂義》中從卷七十至卷
　　八十對《考工記》進行了訂義、易祓的《周官總義》從卷二十六至卷三十論述了
　　《考工記》、朱申的《周禮句解》分上下兩卷解讀《冬官考工記》。

道的《考工解》、林亦之的《考工記解》、王炎的《考工記解》、
葉皆的《考工記辨疑》、趙溥的《蘭江考工記解》等，而林希逸
的《鬳齋考工記解》，則是流傳下來的一部以《考工記》研究為
內容的專著。林希逸是南宋理學艾軒學派的代表人物，其《鬳齋
考工記解》的研究特點較為明顯，即是在名物訓詁色彩淡化的
同時，而出現注重實證注解和主觀評價的傾向。《鬳齋考工記
解》首次為《考工記》附圖，正如作者本人所說，「諸工之事非
圖不顯」，圖相較於文字更為直接簡明，以圖注解《考工記》，
更便於從結構形態、工藝技術方面，掌握造物活動和成果的內
容。為《考工記》附圖，是林希逸《考工記》研究的側重發生
了不同於前代變化的表徵，顯示出其研究於經學價值之外，對
於手工業生產領域的事務性價值。《鬳齋考工記解》中對《考工
記》有過評論：「《考工記》不特為周制也，蓋記古百工之事。
故匠人以世室、重屋、明堂共言之，三代制度，皆在此也。」林
希逸認為《考工記》所載不特為周制，而是三代以來百工之事
的整體記述，言中之意也在強調其於禮儀制度之外，對於手工
業生產的「百工之事」本身的價值。又說：「人生日用飲食百
工，所為必備，闕一不可。宮室、舟車等制，十三卦所象，皆
聖人所作也。生民之初，檜巢營窟而已，聖人既處之以宮室衣
毛之俗，又易而衣裘，百工之事，自此愈多矣。先王獨設一官
以主之，至周尤詳，秦以來法度廢壞，及宣帝總核名實，至於

百工伎巧，成精其能，此亦為國急務也。」他把「百工技巧，成精其能」看作是國家的一項「急務」，是強調造物設計的現實性意義和價值。正如段成己在《梓人遺制》序中所言：「《考工》一篇，漢儒捃摭殘缺，僅記其梗概，而其文佶屈，又非工人所能喻也。」其對於手工業生產領域的現實幫助自然難以顯現，而以林希逸《鬳齋考工記解》為代表的宋代《考工記》專門研究所表現出的視角和方法，則彌補了這種缺憾。《鬳齋考工記解》是宋代手工業技術知識受到重視的展現，這種對生產性知識的價值認可，使得撰著者將《考工記》獨立出來研究，並在某種程度上改變了研究方法，且獲得了一些新的認知。

對於門類豐富的手工業生產領域，以上文獻或許不具有完備的涵蓋性，但其在宋元時代相對比較集中的出現，卻不能不使我們關注到這個時代在道器關係的新認識下，對生產性知識有意識的累積和總結。另外，不同於前代「博物」意識驅動下，對客觀世界的書寫和描述，以上文獻的集中出現反映的著述動力，是於「興趣驅動」之外帶有理學精神的「價值驅動」，正因其觀念背景的變化，也造就了宋元著述中淡化了名物和訓詁的色彩，也絕少誌異和獵奇的成分，而是以各種方式追求更為清晰、準確和詳盡的表述。「天下之物，莫不有理」，理學本身具有的思辨精神和抽象性特點，給予了自然科學中的邏輯方法很大的啟示，而理學具體而微的「格物致知」，則為各領域的知識

累積了豐富的內容。「格物致知」的精神，對宋元科學技術的推動毋庸置疑，對普遍之「理」的追索成為一種驅動，促使人們不僅加深著科學理論的深度，也開掘了應用技術的廣度。

第四節
多民族政權並存下物質文化的交融遞變

　　10 世紀至 13 世紀的中國大地上，政權分立，格局複雜。有民族史研究學者這樣描述：「契丹建立的遼朝藉唐朝以來發展的餘續，迅速壯大，成為北方強國。宋朝承接後周而立國，企圖統一中國，而受阻於強遼，形成南北朝分立局面。党項族自唐代遷徙至西北地方後，發展壯大，藉宋、遼齟齬之機，投遼庇護，叛宋自立建國，成宋朝肘腋之患。女真起於東北黑水靺鞨，先為遼朝藩屬，後發展壯大，建立金國，與宋朝訂立海上之盟，向遼宣戰，先滅遼國，旋滅北宋。此外還有西部和西北部的吐蕃、回鶻和南方的大理政權。」[029] 其中，趙宋王朝作為漢族主體的政權，在承襲農耕文明的基礎上實現了局部的統一。而從更廣大疆域的視野來看，唐末五代直至蒙元統一之前的中國，卻是中國歷史上又一個分裂時期。遼金史專家陳述先生認為，遼金與五代兩宋對峙的三百餘載是中國歷史上的「第二次

---

029 史金波：〈西夏、高麗與宋遼金關係比較芻議〉，《史學集刊》2018 年第 3 期。

南北朝」。時至今日，這些觀點已逐漸被中外學術界接納。[030]
事實上，遼聖宗與宋朝簽訂「澶淵之盟」時，宋遼的「南朝」和
「北朝」之稱就已被官方化確定。[031] 所以，把遼金看作是中國正
統王朝序列中的一環，遼金兩朝和五代兩宋南北相峙則是「第二
次南北朝」，從某種程度上是符合宏觀的中國歷史觀念的。三百
餘年間，南部的宋王朝與北部的遼、金、西夏王朝長期對峙，
直至蒙古族建立元朝，方才實現重新統一。在南北長期的對峙
之中，爭戰、結盟與議和都以不同形式推動著多民族之間的交
流，也促成了中華民族逐漸走向多元一體的結構。

　　整體而言，宋、遼、夏、金、元時期既是中國歷史上各民
族共同創造輝煌歷史的典型時期，也是游牧文化、漁獵文化與
農耕文化衝突與融合的重要時期。「畜牧畋漁以食，皮毛以衣，
轉徙隨時，車馬為家」的游牧民族，與「耕稼以食，桑麻以衣，
宮室以居，城郭以治」的漢族在衝突中交融。各民族之間既有
爭戰與衝突，也有和平與共榮，伴隨著民族交融的進程，中原
地區漢民族文化與北方遊獵民族的草原山林文化相互影響、相
互吸收。一方面，漢民族的農耕文化以強大的吸引力，包容和

---

030 陳述：〈遼金兩朝在祖國歷史上的地位〉，《遼金史論集》第一輯之「前言」，上海
　　古籍出版社 1987 年版，第 2 頁。

031 據李燾《續資治通鑑長編》記載，宋遼和議成，宋人「錄契丹誓書，頒河北、河東
　　諸州軍。始，通和所致書，皆以南、北朝冠國號之上」。（李燾：《續資治通鑑長
　　編》卷五十八，宋真宗景德元年十二月辛丑條，中華書局 1980─1986 年版，第
　　1299 頁。）

第一章　宋元時期的設計美學

影響了遼夏金元的文化，另一方面，遼夏金元的文化也為漢民族的農耕文化注入了新鮮的血液。物質文化的形態是民族間交流影響的最直接表徵，從文物制度到器物風格，都可在不同層面上反映文化交流的資訊。宋遼夏金元時期，各民族物質文化及設計風格的變化動因是多方面的：既有緣於生活方式改變後的自然轉變，也有出於文明差異而產生的主動模仿，更有因為政治意志而受到的強制約束和改轍。同時，各民族物質文化及設計風格的變化走向也是複雜的：既有落後文明因為發展需求而對先進文明的學習，也有先進文明出於互補和獵奇而對落後文明的吸收，其變化走向是「胡化」與「漢化」交錯的雙向運動。以下將從不同民族角度，為物質文化及其設計風格的交融遞變勾勒出大致的脈絡。

一、學唐比宋：契丹的物質文化形態

契丹是中國古老的少數民族之一，關於契丹族最早的記載見於《魏書》，其中記述了契丹族與奚族歷史上的分合關係。契丹人長久的活動在北方草原地區，並與唐初形成了統一的大賀氏聯盟。在正式建立遼政權之前，契丹輾轉臣服於唐和突厥之間。直至西元 907 年，首領耶律阿保機統一各部，並於西元 916 年稱帝建立大契丹國（後改名大遼國）。

建立政權前及遼代前期，契丹的物質文化在保持游牧生活特點的基礎上，主要接受了來自唐文化的影響，顯示出與唐文

化深刻的淵源關係。在建國之前，活躍於寒冷空曠的草原之上的契丹族，就已穿戴中原地區漢族流行的襆頭。一些唐代特有的服裝樣式也為契丹人所接受，如因唐高祖帶動而在士庶中流行的「半臂」服裝，就深受契丹族偏愛。半臂服雖與褒衣廣袖的儒家禮制相違背，但其在方便穿脫的同時，也便於上肢動作，特別適宜於游牧生活。因此，左衽半臂服裝很快開始流行於契丹族中。此外，建立政權之前居處無定的游牧生活方式，也使得契丹人多用皮革或金屬等耐久的材料來製作生活器皿，這與唐代金屬器皿的流行，具有較高的一致性。當然，契丹文化在很多方面也對唐產生過影響。如交通工具「奚車，契丹塞外用之，開元、天寶中漸至京城」，而唐代民間「鞍轡、器械、服裝」等器物上更顯示出契丹文化的強大影響力，以至於唐政府頒《禁斷契丹裝服敕》以扼殺「胡風」。

遼代中期，尤其是「澶淵之盟」後，契丹人更多汲取了來自北宋物質文化的影響。遼代中期以後，契丹一改前期多用皮革或金屬製作器物的習慣，陶瓷製作業逐漸興盛。早在議和之前，契丹人南下中原回撤之時，即擄走大量陶工。遼太宗耶律德光俘虜漢族陶工，並把他們集中起來另立州縣管轄，以學習製陶技術。遼瓷中最具特色的皮囊壺、雞冠壺、雞腿壇等，以契丹民族的游牧生活為藍本，又汲取了漢族陶瓷製作工藝。其中，皮囊壺仿自契丹游牧民族的皮革製品，小口碩腹似行囊，

第一章　宋元時期的設計美學

甚至還帶有針腳線紋的紋樣；而雞冠壺的造型則仿金銀器，口稍大，壺頂駝峰似雞冠，皆反映了生活形態改變和生產方式進化後，人們審美習慣的殘留。而這種代表不同文明的器形與材質的糅合，頗能反映器物設計風格交融的一種模式。另有，「世宗以定州俘戶置，民工織紝，多技巧」[032]。遼世宗也俘虜定州絲織工匠以發展紡織業。《武經總要》記載：「地桑柘，民知織紝之利，歲奉中國布帛，多書白川州稅戶所輸。」[033] 即是說定州的絲織工匠把技術帶到了中京地區，促進了當地絲織業的發展。在廣泛學習中原和西方紡織技術的基礎上，遼的紡織業快速發展，出產的紡織品，特別是朝霞錦、綾羅綺錦緞等絲織物不斷向西方輸出。這也使得「草原絲路」上流轉著大量具有契丹特色的紡織品。[034]西元1004年年底，遼宋間訂立「澶淵之盟」，結束了兩者間數十年的戰爭。在和平環境中，遼宋雙方外交使節往來和民間交流增加。契丹社會在進行封建化的同時，全面接受北宋文化，使契丹社會形成尚文崇儒的風氣。遼聖宗曾「詔漢兒公事皆須體問南朝法度行事，不得造次舉止」，以促進契丹社會向北宋漢族學習。在此導向之下，遼宋之間的物質文化交

---

032 [元] 脫脫：《遼史》，中華書局 1974 年版，第 487 頁。

033 [元] 曾公亮，丁度：《武經總要》，《文淵閣四庫全書》第 726 冊，（臺北）商務印書館 1984 年版，第 498 頁。

034 遼代的草原絲綢之路分為南北兩線。北道東起於西伯利亞高原，經蒙古高原向西，再經鹹海、裏海、黑海，直達東歐。南道東起遼海，沿燕山北麓、陰山北麓、天山北麓，西去中亞、西亞和東歐。兩線在可敦城會合，而後再往西域，通向亞洲腹地。

流以各種不同形式進行著。「澶淵之盟」後，遼宋間的和平局面使得交流頻繁便利，遼宋在雄州、霸州、安肅軍、廣信軍、新城、朔州等地設「榷場」以通貿易。遼還在上京城內的同文館設置驛館，為諸國信使、商旅提供住宿。除貿易之外，遼政府更以明確的文物制度引導和保證器物設計向漢族靠攏。建立政權後的契丹族，生產生活習俗轉向城市化定居模式。北京地區遼墓中較多出現碗、盞、香薰、爐等器形，此類器物為飲茶、焚香等漢族生活方式所用，其在遼墓中的頻繁出現是為遷入北京地區的契丹人逐漸接受中原文化的表徵。遼代晚期墓葬宣化下八里 M6，其前室東壁的茶道圖，表現了從選茶、碾茶到煮茶等一系列過程。[035] 為鞏固政權，定居建都的契丹統治者採取了區別對待兩族的政策。《遼史》記載：「至於太宗，兼制中國，官分南北，以國制治契丹，以漢制待漢人，國制簡樸，漢制則沿名之風固存也。」[036]、「於是定衣冠之制，北班國制，南班漢制，各從其便焉。」[037] 這種政策在維護和鼓勵漢人傳統習俗延續的同時，也為遼宋文化的融合提供了契機。在「因俗而治」的基礎上，遼代統制契丹人的「北面官」之服飾在引導下逐漸向漢服靠攏。遼景宗乾亨五年（西元 983 年）曾規定凡參加大典禮，

035 張家口市宣化區文物保管所：〈河北宣化下八里遼韓師訓墓〉，《文物》1992 年第
　　6 期。

036 [元] 脫脫：《遼史》，中華書局 1974 年版，第 685 頁。

037 [元] 脫脫：《遼史》，中華書局 1974 年版，第 905 頁。

三品以上的「北面官」可以穿漢服，而到了遼興宗時，則已允許所有的「北面官」不分品級，只要參加典禮都可以穿漢服，只是朝服必須穿著契丹服飾。《東京夢華錄》卷六也有記載，「正旦大朝會，……諸國使人，大遼大使頂金冠，後簷尖長如大蓮葉，服紫窄袍，金蹀躞，副使展裹金帶如漢服」。許多器物的形式風格上更反映著兩種異質文明的糅合。遼代耶律羽墓出土的鎏金鏨花七稜鋬耳銀杯和鎏金折肩銀罐，為典型的粟特和突厥銀器造型，但其卻分別以「竹林七賢」和「孝悌故事」為主題進行裝飾。[038] 這種器形與紋飾的異質糅合，在遼代器物中比較多見，反映著器物設計風格交融的又一種模式。

二、繼遼仿宋：女真的物質文化形態

遼代晚期，女真族崛起，建立金國。金滅北宋與遼後，和西夏、南宋呈三足鼎立的政治局面。建立金國的女真族發源於中國東北地區的東部和北部，其居處環境是由黑龍江、松花江和烏蘇里江為主脈連接起來的密林河谷。森林河谷的地理環境適宜於漁獵、畜牧和農耕，自古以來，女真先民都過著以漁獵和採集為主的生活，生產力發展以後，也兼有畜牧和農耕。女真的手工業主要是在征服遼、宋和進入中原北部地方以後發展起來的，它繼承了被征服者的手工業技術，並透過遷徙「工技之

038　董新林：〈遼代耶律羽之墓中的兩件鎏金銀器小議〉，《東亞文物》B 卷，文物出版社 2007 年版，第 232 頁。

民」組織手工業。征遼伐宋前，女真人就透過各種管道接觸了遼和宋先進的手工業技術和產品，而征服後，女真人則相繼接管並學習遼和宋的物質成果、文物制度和文化觀念，尤其是在金熙宗和海陵王時期，女真族中「尊孔崇儒」之風盛行，顯示出比契丹族更強烈的文化融合意願和傾向。

金滅遼後，直接接管了遼的各種生產設施和人員，並採用遼代制度組織設計製造。遼上京的紡織業作坊被戰勝的女真人接管。建立政權後，金廷任命的掌管營建工程的官吏大多是遼人。起源於契丹民族傳統的遊獵生活方式的捺缽制度，是遼頗具特色的一項制度。它表現為以遼代皇帝為中心、以狩獵活動為形式的一系列巡守制度和遊幸活動。「四時捺缽」是游牧民族「秋冬諱寒，春夏避暑」，隨水草畜牧生活習俗的表現，具體為：春捺缽為捕天鵝、釣魚及接受女真「千里之內」諸酋長等的朝賀。夏捺缽是避暑，與北、南面大臣議國政，週日遊獵。秋捺缽主要是入山射鹿、虎。冬捺缽是避寒，與北、南面臣僚議論國事，時出狩獵講武，並接受北宋及諸屬國的「禮貢」。遼代金銀器、玉器和其他器物中，多有以捺缽活動中的魚和天鵝、鹿、虎等為題材的裝飾。女真滅遼後繼承契丹遺俗，但由於女真人不僅狩獵還從事農耕，就將「四時捺缽」改為春秋兩季的捕獵活動。女真人春秋兩季的捕獵活動即「春水」、「秋山」，「春水」和「秋山」是以活動內容和場景代指一種習俗。此題材也成為金代器物極具代表性的裝飾。據楊伯達〈女真族「春水」、

「秋山」玉考〉一文考證，春水、秋山玉最早就出現於金代，海東青啄天鵝、群鹿山林是典型的圖式。[039]

　　金代中期以後，女真族對中原漢族物質文化的吸收更多，尤其是金熙宗和海陵王時期，官方對漢制的參照對風氣產生了較大影響。接受漢化教育的金熙宗和海陵王都愛慕「儒服」和「江南衣冠」，不僅對金占領地區的民間衣著不加限制，還在皇室貴族中帶動了漢族服飾的流行，以至於裝束「盡失女真故態」。有學者根據黑龍江阿城巨源鄉完顏宴夫婦墓出土的絲織品判斷，女真服飾的漢化在金世宗大定二年（西元 1162 年）達到鼎盛。不過，女真統治者為了維護本族利益，曾幾次有意限制漢化。金太宗天會七年（西元 1129 年）曾「禁民漢服，又下令髡髮不如式者殺之」。金世宗大定年間頒布了一系列抵制漢化的政策，女真人不得改稱漢姓、學南人衣裝，犯者抵罪。章宗承襲世宗政策，於泰和七年（西元 1207 年）九月，「敕女真人不得改為漢姓及南人裝束」。官方一再明令禁止，也從側面反映出民間風氣的盛行。此外，宗教建築和器物在北方的出現，也反映了女真族受漢族影響而產生的變化。世居白山黑水之間的女真族入主中原之前，除對原始宗教薩滿具有信仰之外，並不了解和信奉漢地流傳的佛教與其他宗教。但受到漢族文化影響的金熙宗崇佛，據《金史·濟安傳》記載，當太子濟安

039　楊伯達：〈女真族「春水」、「秋山」玉考〉，（北京）《故宮博物院院刊》1983 年第 2 期。

生病時，熙宗「幸佛寺焚香，流涕哀禱」。濟安死後，又「命工塑其像於儲慶寺」。在金上京城內出土過不少金代的小銅佛。遼寧遼陽市白塔公園的白塔則是大定年間，金世宗完顏雍為其母貞茲皇后李氏所建的垂慶寺塔。塔身八面都有坐佛、脅侍菩薩、飛天等磚雕像，為十三層八角實心密簷式塔，是金朝建立後女真族接受佛教信仰而產生的物質文化形態。

　　除了文化和信仰上追隨所帶來的風氣，生活方式在器物設計上的反映也很直接。隨著女真入主中原和遷漢民進入金內地，金代女真人飲茶、茶會等茶事活動逐漸盛行，帶來陶瓷茶具在北方的出現。內蒙古巴林左旗太平莊遼墓就曾出土「官」字款白瓷盞托，金代赤峰缸瓦窯遺址也出土過盞托。[040] 除此之外，執壺、茶臼等茶具也有在遼金墓葬、窯址出土。長久的漁獵生活方式，使女真人喜歡以魚作為裝飾題材，金代以魚為紋飾題材的銅鏡數量眾多。在銅鏡設計製作中，就反映了女真文化的裝飾內容與漢族製鏡工藝的融合。金代銅鏡的代表和創新是魚紋鏡，銅鏡上的魚形象寫實，豐滿生動，並配以水波、漣漪和花草，顯得吉祥而歡樂。魚紋鏡中又以雙魚紋鏡最具典型性，其主體紋飾為兩條鯉魚首尾相接，繞鈕追逐，展鰭擺尾，鼓鰓吐水，周圍飾以細密的水波紋或水草紋，設計非常巧妙。

---

040 劉素俠：〈赤峰地區遼代瓷窯遺址的發現與研究〉，《昭烏達蒙族師專學報》1998年第3期；彭善國：〈金代的茶葉與飲茶風俗〉，《北方文物》2001年第2期。

三、會通四方：党項的物質文化形態

　　党項族是中國古老的民族羌族中的一支，故居藏地，附唐內徙前與吐蕃在青藏高原雜處，但一直受吐蕃驅逐。7世紀初，經唐朝廷允許逐步從青藏高原東北部遷徙到今陝北和河套一帶。西元1038年，党項族拓跋氏首領元昊仿漢制，建立大夏政權，史稱西夏。西夏歷經十代帝王，享國190年，其疆域「東盡黃河，西界玉門，南接蕭關，北控大漠，地方二萬餘里」。建立政權後的党項族，其生產方式主要以畜牧業和灌溉農業為主，生活方式從遷徙逐漸變為定居。西夏所處地理位置特殊，東鄰契丹，西接回鶻，西南與吐蕃為鄰，東南接北宋，先後與吐蕃、西域諸族以及遼、金和宋等發生往來。西域諸國的商人、使者前往宋、遼和金時必經西夏，西夏成為東西交通的中轉站。宋朝的茶葉和絲綢銷往西域中亞和西亞，西域的乳香、沉香、珊瑚、玉石和玻璃賣給東方，都必須經過西夏這一絲綢之路的要衝地段。西夏也因此成為各民族文化的交會地。除了位於甘寧地區的西夏國遺存之外，內蒙古額濟納旗黑水城發現的西夏文物和包括文書、唐卡、彩色版畫等在內的西夏文獻，是目前研究西夏物質文化的最集中的資料。

　　內遷後的党項族與中原漢人雜居相處，學習漢人先進的生產技術及文化；建立政權後，其統治者實行以儒治國的政策，極力推崇漢地儒家文化，更是從物質文化制度和形式上有意模

仿北宋。首先，官制上模仿唐宋的西夏，也設立了與唐宋一脈相承的宮廷器物製作管理機構「文思院」。文思院是唐後期設置的一個製作機構，並在五代兩宋被沿置。《文獻通考》卷六十「文思院」條說，宋代文思院的職能是「掌造金銀犀玉工巧之物，金彩繪素裝鈿之飾，以供輿輦、冊寶、法物及凡器服之用」。文思院的機構設置為遼和夏所模仿。西夏置有文思院，「其制多與宋同」。[041] 其次，除機構和制度上的模仿，西夏器物生產技術、形態風格和裝飾題材也受到了宋文化的影響。在眾多從北宋引進的技術之中，製瓷是最重要的生產技術。和契丹一樣，游牧生活使得党項族此前完全沒有製瓷業。政權的建立，居處的相對固定，活動區域的擴大，拉近了游牧、漁獵民族與農耕民族的生活方式。西夏最早從榷場貿易中得到了瓷器，在西夏和北宋、金的榷場貿易中，瓷器是北宋輸出的主要商品。北宋亡後，西夏曾一度渡過黃河，占領了晉西北的「河東八館」，撤退時帶走當地窯場的部分工匠，開始建立自己的製瓷業。因而，西夏的黑（褐）釉剔刻花瓷器明顯具有晉西北遼金瓷窯的風格，樸實厚重、硬朗灑脫。靈武窯在西夏中晚期突然興盛起來，規模大，工藝成熟。據分析，靈武的窯工應來自宋金統轄下的漢族地區。[042] 與遼瓷皮囊壺和雞冠壺一樣，西夏典型

041《遼史》卷四十八「百官志四」記載：遼中京置有文思院，並有文思使的官職。
042 中國社會科學院考古研究所：《寧夏靈武窯發掘報告》，中國大百科全書出版社1995年版，第181頁。

的陶瓷扁壺也是游牧文化接受製瓷技術影響而產生的器形。西夏陶瓷扁壺是來自皮革製品的造型，反映了生活形態改變和生產方式變化後，曾經游牧的党項人對皮囊造型的借用。其糅合來自不同文明形態的器形與材質的設計手法，是當時遼金瓷器都曾採用的設計模式。在這種設計模式下，宋元時期少數民族物質文化中器物的「瓷化」成為一種突出的現象，也是器物設計風格交融的典型模式。再次，有許多器物裝飾也頗能反映西夏對漢族文化的汲取。現存西夏佛寺建築中有大量瓦當採用了以前少見的菊花紋，應與儒家文化的影響有關。宋人有簪花習俗，文人中愛菊、賞菊成風，菊花是儒家文化系統中士大夫安貧樂道的象徵。西夏瓦當紋飾中頻繁出現的整齊劃一的模印菊花紋，應當源自於党項族對宋代漢族文人文化的傾慕和汲取。最後，佛塔、寺廟建築以及佛教題材的器物裝飾設計，也反映著漢地宗教文化對西夏設計的影響。西夏開國皇帝元昊帶頭崇信佛教，且通曉佛學。他強制官民信仰佛教，規定每季第一個月的朔月為「聖節」，其他統治者如毅宗、惠宗、崇宗、仁宗也都大力提倡佛教。說西夏舉國崇信佛教完全是受中原漢族影響也不全面，因為党項故地為青藏高原東北部，也是佛教密宗，即藏傳佛教文化所涵蓋的區域。所以，西夏的佛塔、寺廟建築以及佛教題材的器物裝飾設計，兼具藏傳佛教和漢地佛教的形式要素，而兩者之間，漢地佛教的形式特徵似乎更為明顯。現

甘寧地區西夏佛塔的樓閣式、密簷式、亭閣式、花塔等樣式，都與中原地區建築形式表現出承繼關係。[043] 而在宏佛塔、拜寺口雙塔寺廟和西夏王陵出土的瓦當上，頗多漢地佛教流行的蓮花紋，其蓮花紋花瓣小而尖細，均採用側視蓮花為飾，在形態和構圖上均承宋風。

在西夏以西河西走廊上的高昌回鶻是回鶻的一支，於 10 世紀建立政權。西夏與回鶻在爭奪對絲綢之路的控制權的同時，也交流著器物和文化。西夏王李元昊於西元 1028 年至 1036 年，先後擊敗甘州回鶻和沙州回鶻並占有河西之後，除一部分回鶻人逃奔高昌回鶻，絕大部分回鶻人留居河西，成為西夏的國民。回鶻的文化是一種農牧結合、東西混合的文化。由於歷史上與突厥的關係，回鶻使用突厥語，在文字、官制和風俗習慣上，深受突厥文化的影響，表現出與中土殊異的面貌。回鶻的服飾與裝束就曾影響了党項族。元人馬祖常〈河西歌〉有：「賀蘭山下河西地，女郎十八梳高髻。」而「高髻」本為回鶻婦女的典型髮式。西夏貴族婦女和侍女戴的桃形冠，也和回鶻王室貴

---

043 銀川承天寺塔，為八角形平面的十一層樓閣式磚塔，高 64.5 公尺，是夏國皇太后為了瘞埋佛頂骨舍利於西元 1050 年建造的。寧夏中寧鳴沙州城安慶寺塔，為八角形平面的七層樓閣式磚塔。寧夏同心縣康濟寺塔，殘高 39.2 公尺，為八角形平面的十三層密簷式磚塔。寧夏賀蘭縣賀蘭山拜寺溝內的方形平面十三層樓閣式磚塔、賀蘭山拜寺口雙塔，都是八角形平面的十三層密簷式磚塔。敦煌莫高窟前的原老君堂慈氏塔，是一座八角形平面的單層土坯木構亭閣式塔，高約 5.5 公尺。甘肅敦煌城子灣花塔是用土坯砌築成的，表面用細泥塑製出了各種裝飾，在八角形塔身的上部是多層寶裝蓮花塔身。

族婦女相同。甘肅武威西郊林場的西夏墓葬中，出土了 29 幅彩繪木版畫，在編號為 4 的五侍女中，前四人即梳高髻，類似回鶻髮飾，最後一人披髮，為吐蕃髮式。[044] 另有面貌為漢人的武士形象，頭戴氈盔，盔頂結綏，吸收了回鶻與吐蕃的裝束。[045] 突厥學家葛瑪麗曾描述高昌回鶻有一種典型的衣著是穿長上衣配褲，並將褲腳塞入靴筒中。而在現存西夏人物圖像中，這種裝束較為多見。據《宋史‧夏國傳》所載，西夏武官起雲冠、束帶、佩解結錐，與莫高窟回鶻供養人的裝束如出一轍。

　　西夏與同出一源的吐蕃，也有著物質文化形態上的交流和影響。前文在論及西夏佛教建築時，曾提及西夏佛塔形制所受的來自漢地佛教的影響，其實，和吐蕃的天然連結，使藏傳佛教在西夏也有持續傳播，西夏佛塔中自然也不乏藏地佛教建築的元素。寧夏賀蘭縣的宏佛塔，是一座罕見的三層八角形樓閣式與覆缽式相組合的西夏佛塔，殘高 28.34 公尺，宏佛塔上半部的覆缽式塔，具有十字折角形平面的基座，是藏傳佛教佛塔所慣用的造型，另外，拜寺口雙塔的塔剎也做成了藏式覆缽塔多重相輪的形式，同心縣康濟寺塔的塔剎則是一座小型喇嘛塔的形狀。吐蕃對西夏党項族服飾裝束也有影響。肇源於佛教和吐蕃服飾中的雲肩，在西夏党項族中就有出現。1993 年在寧夏海原縣賈塘鄉馬營村西夏古城遺址臨羌寨出土的紅陶彩繪男性

044 陳炳應：《西夏文物研究》，寧夏人民出版社 1985 年版，第 202 頁。
045 陳炳應：《西夏文物研究》，寧夏人民出版社 1985 年版，第 197 頁。

殘俑，肩部披紫色雲肩。另有學者認為，吐蕃「以赭塗面」和「以虎豹皮毛為貴」的習俗對党項皆有影響，並舉黑水城出土西夏彩色木版畫和絹本捲軸畫以證明關聯的存在。[046]

四、相容並蓄：蒙古的物質文化形態

從族源來看，蒙古出自室韋人的一支，其祖先是生活在額爾古納河兩岸大興安嶺森林的狩獵部落。《舊唐書》中的「蒙兀室韋」就是成吉思汗家族所屬蒙古部的直系祖先。自成吉思汗崛起，至世祖滅宋的 112 年，蒙古的武功臻於極盛。就物質文化來說，由於生存環境與生活方式所限，蒙古族本身處於極為原始簡陋的狀態，正如南宋使臣所描述，「百工之事，無一而有」。西元 1271 年，元世祖忽必烈建立元朝，元朝成為世界上疆域最廣闊的王朝。《元史‧地理志》言：「北逾陰山，西極流沙，東盡遼東，南越海表」，「東、南所至不下漢、唐，而西北則過之」。蒙元統一的百年間，除了國力的強盛，最突出的時代特徵就是多民族的交融和多元文化的交織匯流。各種外來文化和宗教與中國傳統文化被積極接納並相互影響，儒家文化、漢傳佛教文化、藏傳佛教文化、蒙古文化、高麗文化、伊斯蘭文化乃至基督教文化等，皆在蒙元時期的物質文化形態上留下了印記。

046　謝靜：〈西夏服飾研究之三──北方各少數民族對西夏服飾的影響〉，《藝術設計研究》2010 年第 1 期。

第一章　宋元時期的設計美學

　　與契丹、女真和党項等少數民族一樣，蒙古人最早也是透過徵用異族工匠來為汗廷造作器用並逐步建立自己的手工業的。在入主中原之前的早期汗廷，就有歐洲工匠為大汗服務。羅馬教皇使者義大利教士若望‧柏郎嘉賓（Giovanni da Pian del Carpine），在訪問蒙古汗廷回國後寫的行記中有：「第三代大汗貴由寵愛俄羅斯金匠豁思馬，登基的象牙寶座和印璽便由他製作。在第四代大汗蒙哥的時代，巴黎金匠威廉曾率 50 名工匠，製作了一棵構造精巧的大銀樹，用於宮廷酒局，還有四隻銀獅、四面銀盆配合使用。在那時的漠北，還有法蘭西樣式的銀十字架，上面釘著基督像。」[047] 對歐洲工匠的徵用，使得基督教文化從北方草原進入。尚剛認為，在蒙古高原多次發現的基督教法器，就與若干蒙古部落信奉聶斯托里派基督教和歐洲工匠的到來有關。對伊斯蘭文化的汲取，也直接來自對工匠的徵用。蒙元時期，以納石矢為代表的織金錦生產達到鼎盛，這種高貴的紡織品主要供應蒙元貴族。《元史‧輿服志》載：「天子質孫，冬之服凡十有一等，服納石矢、金錦也。怯綿里，罽茸也。」「納石矢」和「怯綿里」都是波斯語，分別是「織金錦」和「罽茸」。而「罽茸」，是一種粗毛織物。蒙古人出於對織金錦的喜愛，大量僱用來自撒馬爾罕的回鶻「織金綺紋工」生產織金錦。《元史》卷一二〇「鎮海傳」中提到，當時織造局「得

---

047 尚剛：〈大汗時代——元代工藝美術的特質與風貌〉，《青花的世紀：元青花與元代的歷史、藝術、考古》，北京大學出版社 2013 年版。

西域織金綺紋工三百餘戶、汴京織及毛褐工三百戶，皆分隸宏州，命鎮海世掌焉」[048]。可知，織造局中除有織錦工匠外，也有相當數量的毛織工匠。除了徵用歐洲工匠和西域工匠，蒙古人滅宋後建立官營手工業時，也從江南挑選大批絲織工匠（蒙古人稱為「巧兒」）充入工廠，計十餘萬之眾。來自不同地域的不同民族的工匠，被元朝廷安排在一起工作，共同為宮廷和貴族之用生產勞動，這也從客觀上促進了多民族生產技術和設計風格的深度交融。

　　蒙元時期的器物在形制與裝飾上的創新非常突出，設計新形式的出現多源於民族文化的交融。以元代最具代表性的青花瓷器為例，有學者統計，在大約七、八十種元青花造型樣式中，傳統造型僅占約四分之一，其他四分之三均為元代創新樣式。[049] 如元青花中多稜形器物的出現和流行，既是實際需求所致，也直接來源於西亞伊斯蘭文化中金屬器物的影響和啟發。多稜形器物有八稜梅瓶、八稜玉壺春瓶、八稜罐等，相較於圓形器物易於捆紮和握持，適應了游牧生活中時常遷徙的需求。元青花盛行的通體滿繪也與伊斯蘭文化中的裝飾手法素有淵源，尤其是將器物紋飾採用橫向多層裝飾帶手法和開光手法進行構圖，與西亞銀器、織毯、建築裝飾上的紋樣有密切關係。

048　王炳華：《絲綢之路考古研究》，新疆人民出版社 2010 年版，第 250 頁。

049　李仲謀：〈元代景德鎮窯青花瓷器的藝術特色〉，《青花的世紀：元青花與元代的歷史、藝術、考古》，北京大學出版社 2013 年版。

第一章　宋元時期的設計美學

除伊斯蘭文化外，藏傳佛教文化也對器物設計和裝飾手法影響很大。忽必烈成為元朝開國皇帝後，尊薩迦派高僧八思巴為帝師，藏傳佛教被奉為國教；元世祖、元成宗時代，尼泊爾人八思巴的弟子阿尼哥曾長期主持宮廷造作。蒙元時期除興建多處藏傳佛教建築外，器物設計上也接受了藏地文化的許多影響，多穆壺的出現即是一例。「多穆」原意為盛酥油的桶，直身、帶有箍狀紋或弦狀紋。多穆壺則是在此造型之上，於口沿加僧帽狀邊，又添把手和壺嘴而成為的壺形。在元青花的裝飾上，雲肩紋的使用也與藏地服飾傳統有關係。前文述及吐蕃對西夏党項族服飾裝束的影響時，就提到了肇源於佛教和吐蕃服飾中的雲肩，曾出現於西夏党項族服飾中。而在元青花的裝飾設計中，許多瓶、壺、罐等器物的肩部，流行採用「制如四垂雲」的雲肩紋進行裝飾，與人穿著服飾的效果彷彿。直接來源於藏傳佛教的裝飾內容，如八寶紋樣、十字金剛杵紋樣，則更為頻繁的出現在各種紡織品和建築的裝飾上。作為元朝藩屬國的高麗，其文化對蒙元時期的好尚也有一定的影響。元朝的最後一位皇帝元順帝，早年曾徙居高麗，即位後又立高麗女子「奇氏」為皇后。這種情況一度使得禁苑內外高麗風尚的影響頗大，「自至正以來，宮中給事使令，大半為高麗女，故四方衣冠靴帽大抵皆依高麗矣」。此外，隨著元末蒙古政權在農民起義的數度搖撼下，逐漸鬆弛了對漢族儒家文化的戒備和管控，具

有儒家文化特點和文人氣息的裝飾題材，也逐漸在器物裝飾上重新回到了主流的位置。[050]

五、迎拒之間：漢族的物質文化形態

宋元時期，趙宋王朝作為漢族主體的政權，在承襲農耕文明的基礎上，曾經實現了局部的統一，繼而又在少數民族政權的武力攻勢之下，進一步縮小了國家版圖，直至最終被強勢的蒙古族所取代。然而，從前文對宋元時期建立政權的幾個少數民族物質文化及其設計形成和變遷的分析可知，漢族物質文化在塑造少數民族物質文化中，發揮著不可替代的作用，漢民族的農耕文化以強大的吸引力，包容和影響了遼夏金元的文化。與此同時，少數民族的文化也影響著漢族，「胡化」與「漢化」交錯的雙向運動，是這一時期物質文化變遷的走向。很大程度上，是遼夏金元等的游牧文化、漁獵文化，為漢民族的農耕文化注入了新鮮的血液，少數民族對漢族的影響，使得兩宋時期器物設計一度出現「百器惟新」的局面。[051] 然而，無論是出於文明差異而產生的主動模仿，還是因為政治意志而產生的強制性改轍，在「夷夏」的觀念下都為漢族政權所提防。

---

050 林梅村先生的〈最後的輝煌：落馬橋型元青花〉一文，就元末景德鎮窯青花裝飾中的漢文化傳統題材進行了討論，述及了元末這段歷史與「落馬橋型」元青花的關係。（《青花的世紀：元青花與元代的歷史、藝術、考古》，北京大學出版社 2013 年版。）

051 何薳在《春渚紀聞·古聲遺制》中說：「近世百器惟新，惟琴器略無華飾，以最古蛇腹紋為奇。」

第一章　宋元時期的設計美學

　　地處草原邊疆的契丹族，能夠同時接受漢族和西域各國的技術影響，手工業水準有所提升；建立政權後，遼代的物質文化也為中原所汲取。定居後的遼紡織業很發達，境內出現不少有特色的紡織品。「澶淵之盟」後，北宋商人都大量採購遼地出產的羅，稱之為「番羅」，遼出產的紡織品在中原一度奇貨可居。隨著遼的政權建立，地處燕雲遼地契丹族統治下的漢人逐漸改變了其服飾。宋哲宗元祐四年（西元 1089 年）使遼的蘇轍，在一首題為〈燕山〉的使遼詩中寫道：「哀哉漢唐餘，左衽今已半。」雖然遼沒有強制漢人改變衣冠，但仍有一些燕雲漢人漸漸習慣於左衽胡服。北宋士大夫甚至也接受了契丹服飾並開始穿用：「茶褐、黑綠諸品間色，本皆北服，自開燕山始有至東都者。」[052] 褐色衣服本是契丹北國之服色，隨著交流的頻繁，宋人也開始穿茶褐色的衣服。

　　契丹及其他少數民族服飾在漢人中的流行，往往使得兩宋統治者施政令加以禁止。慶曆八年（西元 1048 年），宋仁宗詔「禁士庶效契丹服及乘騎鞍轡、婦人衣銅綠、兔褐之類」。政和七年（西元 1117 年）徽宗又詔「敢為契丹服若氈笠、釣墩之類者，以違御筆論」（《宋史・輿服志》）。《宋會要輯稿》載，隆興元年（西元 1163 年）七月二十五日，「臣僚言：臨安府士庶服飾亂常，聲音亂雅，已詔禁止。訪聞歸明、歸朝、歸

---

052 [宋]周密著，吳企明點校：《癸辛雜識》，中華書局 1988 年版，第 255 頁。

正等人往往承前不改胡服,及諸軍又有效習蕃裝,兼音樂雜以女真,有亂風化。詔刑部檢坐條制申嚴禁止,歸明、歸朝、歸正等人仍不得仍前左衽胡服,諸軍委將佐、州縣委守令常切警察」。歸明、歸朝和歸正,是南宋對北方移民的稱謂,對他們服飾的限制,也說明了漢族統治者的態度。與遼不同,初期女真族在所征服的北方地區曾逼迫漢人改胡服,如金太宗天會七年(西元 1129 年)六月,「行下禁民漢服及削髮,不如式者死之」。「河東士庶,首被其害,披髮左衽,勉強從俗」,漢人在強硬的政策下,不得不屈從。金太宗完顏晟繼位之後,逐步採取較為緩和的政策,反而是學習漢制,改革舊俗,創立了包括服飾在內的具有儒家文化特點的文物制度。

　　元朝統一後,實行有差別的民族政策,漢人和南人的社會地位較低,儘管在某些方面,漢族物質文化不可避免的受到衝擊,但整體而言,在最廣大的基層社會和代表文化走向的士人階層中,文化傳統都得到了保存。蒙古族喜穿袍服,在服外束帶,稱之為「腰線」。腰部束帶並用條鉤扣環作飾的「腰線」就為部分漢人所接受,元代道士馮道真入殮時,其袍服外束有絲條帶,並用條鉤扣環為飾。[053] 但是,在南方最廣大的基層社會中,蒙古族和其他少數民族的物質文明並沒有對漢族的文化傳統造成威脅。換言之,滲透在衣食住行各方面的華夏文明傳

---

053 大同市文物陳列館:〈山西省大同市元代馮道真、王青墓清理簡報〉,《文物》1962 年第 10 期。

統，表現出強大的穩定性和包容性。[054] 如在蒙古女性中流行的罟罟冠，是蒙古族最常見的女性冠飾。在南方，即使在開放的都市也沒有人戴，因而很稀罕。所以有詩描寫江南市民爭看戴罟罟冠的蒙古婦女：「雙柳垂鬟別樣梳，醉來馬上倩人扶。江南有眼何曾見，爭捲珠簾看固姑。」代表蒙古族色彩好尚和外來文明特點的青花瓷器，在元代中後期成為景德鎮陶瓷中重要的新品種，但明初曹昭在其《格古要論》中對青花的評價卻是「甚俗」，很大程度上代表了元明之際士大夫的觀點和態度。概而言之，儘管「胡化」現象在宋元時期社會生活的不同層面上有所發生，但在文化優越感的支配下，漢族士大夫對少數民族物質文化絕少褒揚。

---

054 從元代社會的頂端往下看，在上層統治圈內，你的確會看見很多蒙古人，還有很多被歸為「色目人」的來自中亞、西亞的人們，他們講阿拉伯語、波斯語，或者突厥語，絕大多數信仰伊斯蘭教。可是處於它統治之下的絕大部分人口，還是漢地社會的人口。所以如果你換一個視角，從下層往上看，那你就很難在元代中國看到多少異國情調。（姚大力：〈重鑄河山一統的洪業──元朝在中國歷史上的意義〉，《青花的世紀：元青花與元代的歷史、藝術、考古》，北京大學出版社 2013 年版。）

第二章　明清時期的設計美學

第二章　明清時期的設計美學

　　元朝末年，長期累積的社會矛盾爆發，民間掀起大規模的反元抗爭。元至正十二年（西元 1352 年），郭子興、孫德崖等起義於濠州，出身寒微的朱元璋加入郭子興隊伍並得到重用。西元 1364 年，控制南方大部地區的朱元璋稱吳王，建立西吳，與位於平江的張士誠的東吳政權並立。不久，包括張士誠在內的南方殘存勢力，紛紛落敗在朱元璋的武力之下。西元 1368 年，朱元璋稱帝，國號大明，定都於應天府（今南京），並透過其後 20 年的南征北伐統一了北方。西元 1420 年，明成祖朱棣遷都至順天府（今北京），以應天府為陪都。明初歷經洪武之治、永樂盛世、仁宣之治等治世，國力日趨強盛。中期經土木之變由盛轉衰，後經弘治中興、嘉靖中興、萬曆中興，國勢復振，晚明因東林黨爭和天災外患而導致國力衰退，爆發農民起義。西元 1644 年，李自成領導的農民起義軍攻入北京，崇禎帝自縊殉國，明朝覆滅。明朝宗室在江南建立南明，隨後清軍擊敗大順、大西、南明弘光、隆武、紹武諸政權。西元 1662 年，永曆帝被殺，南明覆滅。在晚明積弊日深之時，世居東北的女真族逐漸壯大了勢力。西元 1616 年，努爾哈赤在赫圖阿拉建立後金，脫離了明朝的統治；雖然明朝多次派兵攻打後金，但都被擊敗。西元 1636 年，皇太極在瀋陽改國號為大清，正式開始了滅明的爭伐。西元 1644 年在李自成攻入北京之時，遠在山海關的總兵吳三桂引清軍入關，隨後，將李自成部驅逐出北

京。同年 6 月 5 日，清軍攻占北京。9 月 20 日，清順治帝遷都北京。西元 1662 年，康熙帝登基即位，是為清聖祖，其在位的61 年，國力逐漸提升。康熙帝之後，繼雍正帝即位的乾隆帝也是清朝歷史上的一位明主，他在位的 60 年是清朝的又一快速發展期。乾隆皇帝在其父雍正的統治基礎上，進一步發展經濟；加強與蒙古族、回族等少數民族的聯絡，穩定了清朝對各族的統治。清康熙、雍正、乾隆三代皇帝統治的時期，大清帝國達到了鼎盛階段，史稱「康乾盛世」。清王朝經「康乾盛世」後開始走下坡，吏治敗壞，武備鬆弛，國庫空虛。嘉慶時期爆發的白蓮教、天理教等農民抗爭，鴉片的流入、錢糧的虧空、漕運的難題，都暴露了國家的頹勢，是為「嘉道中衰」。道光二十二年（西元 1842 年），清朝在與英國的第一次鴉片戰爭中戰敗，國勢進一步衰退。此後進行了洋務運動和戊戌變法等探索國家獨立富強的社會變革，但都歸於失敗。1911 年爆發了辛亥革命，1912 年 2 月 12 日，袁世凱迫使宣統帝溥儀頒布退位詔書，清朝自此滅亡。

　　明清時期是中國封建社會發展成熟後，由盛而衰並逐漸趨於解體的歷史時期。這一時期，統一的多民族國家逐漸鞏固，中央集權的政治制度得到加強，農耕生產方式下的文明形態成為主流，商品經濟發達，新的經濟因素出現，明清時期的制度和思想也產生了許多新的變化。思想領域的變化反映在文化領

域，也有了相應的新現象，在發達的手工業技藝條件下，作為物質文化表徵的器物及其審美特性，表現出一些新的特徵。明末清初，利瑪竇、湯若望等歐洲耶穌會士的東來，將近代早期西方文化展現在中國世人的眼前，也影響了封建知識分子對西學及其思維方式的思考。中西文化的交會下，近代科學和文化思維雖然沒有改變中國傳統封建社會走向消亡的命運，卻為物質文化領域帶來了新的品種和觀念。

第一節
從「格物」到「玩物」：器物鑑賞觀的轉變

　　明代以各類器物為撰述對象的譜錄、筆記和其他文人小品數量眾多，充分流露了明人關注器物的心態、視角和鑑賞活動的價值標準。整體而言，明代的器物鑑賞觀念存在著一個變化的過程。即在明初，器物的鑑賞具有承襲宋代金石學而來的學術研究傾向，但隨著社會文化環境和文人心態的轉變，明代中期以後，對器物在審美和日常使用上的評價，漸漸成為以文人為主的器物鑑賞主體的關注焦點。明中期以後的器物類文獻中，更為強調在賞玩中獲得美感經驗；同時，也肯定日常物品透過營造一種閒雅、舒適的生活環境，能夠對人產生身心的調節作用。

第一節　從「格物」到「玩物」：器物鑑賞觀的轉變

一、鑑賞活動主客體的變化

　　為考證文字、證經補史，研究古代器物、碑刻的金石學，在兩宋開始興盛。本書在第五章中的論述已有此方面的詳細內容，在此不再贅述。要之，宋元金石學的研究活動在於對古器物的蒐集、對古器物的鑑定及金石文字的考釋，以及參照古器物和金石文字來考訂歷史。這種博古、考古、集古之風在明代文人中繼續發展，並成為文人文化活動的重要組成部分，但也表現出從輔助經史研究的手段，發展成為一種普遍文化時尚的新動向。其發展和轉變的傾向，在南宋趙希鵠的《洞天清錄》中其實已經初見端倪，並在明初曹昭的《格古要論》、明中葉王佐增補的《新增格古要論》中得到繼續，經過中晚明的發展，賞玩器物已然成為當時文人文化的重要內容。這種轉變，實質上是從經史研究向實用美術品鑑定、欣賞和批評的轉變。具體表現為鑑賞活動主客體的變化，如下所述：

　　一方面，明代文人成為器物鑑賞最權威的主體。與宋元時期宮廷對器物的收藏和研究不同，明代宮廷對美術品的收藏和研究比較疏忽，明朝宮廷內府的收藏品甚至也無系統著作加以記錄和整理。與此相反，明代文人著述記載美術品收藏、鑑賞、交易活動的卻很普遍。考辨真贗、指點源流、悉數典故、指摘疵病……唯有文人能透過鑑藏「增長見識，由嗜好而專精，

第二章　明清時期的設計美學

進而寄情為樂，甚或即物見道」[001]。文人因其知識上的優勢和審美判斷力，而擁有文化上的權威地位，因此，文人對物品鑑賞的傾向，往往也成為其他階層參照的標準，甚而演變為一種社會時尚。

另一方面，明代器物鑑賞的對象，從宋元以古代青銅器和碑刻為客體，擴大至幾乎包括古今所有的實用和觀賞美術品。從當時的鑑賞著作可以看到，明初《格古要論》全書分古琴論、古墨跡論、古畫論、珍奇論、古硯論、異石論及古窯器論等篇，遠遠超出了金石學的研究範圍；及至文震亨的《長物志》，其全書十二卷，為室廬、花木、水石、禽魚、書畫、几榻、器具、位置、衣飾、舟車、蔬果、香茗，每卷下又有條目，僅「室廬」卷下就有門、階、窗、欄干、照壁、堂、山齋、丈室、佛堂、橋、茶寮、琴室、浴室、街徑庭除、樓閣、臺以及海論等條目。古代文物自不必說，當世工藝美術珍品也受到文人追捧。時人沈德符謂：「玩好之物，以古為貴，惟本朝則不然。永樂之剔紅，宣德之銅，成化之窯，其價遂與古敵。……始於一二雅人，賞識摩挲，濫觴於江南好事縉紳，波靡於新安耳食。諸大估日千日百，動輒傾囊相酬，真贋不可復辨。」[002]

主體的轉移和客體的擴大，能夠說明明代器物鑑賞活動性質所發生的變化。文人作為器物鑑賞最具權威性的主體，形成

---

001 徐颺：〈古代文人的文玩情結〉，《裝飾》1997 年第 6 期，第 51—52 頁。
002 沈德符：《萬曆野獲編》卷二十六〈時玩〉。

了審美和文化上的價值導向，具體的說，是以文人的審美和價值觀影響了當時社會的審美風尚，並帶動了一股「觀物、用物、論物」的風氣；鑑賞客體的擴大，則說明文人不再僅著眼於與經史研究有關的器物，而是以審美的眼光品鑑周遭萬物，哪怕是以往不曾被重視的日用之物。這兩方面都顯示，明代以文人為主體的鑑賞活動，是透過對日常生活所涉之物的鑑賞和品評，來表達對器物裝飾、陳設的審美觀和進行某種程度上的批評。

二、從「格物致知」到「玩物采真」

　　明初的器物文獻仍流露出較濃厚的學術研究色彩，一方面受宋元鑑藏價值觀的影響，明初器物鑑賞重視考證與辨釋，多以還原器物的歷史文化內涵、研究古代名物制度為旨歸；另一方面，元末明初美術品交易中偽作的出現，使鑑定和辨偽成為明初器物鑑賞的另一重要內容。《格古要論》作者曹昭自述其著書原因曰：「常見近世紈褲子弟，習清事者必有之，惜其心雖好，而目未之識，因取古銅器、書畫、異物，分高下，辨真贗，舉其要略，書而成編，析門分類，目之曰《格古要論》，以示世之好事者。」作者以自身識見寫成此書，「辨釋器物，使玉石金珠，琴書圖畫，古器異材，莫不明其出處，表其指歸，而真偽之分，了然在目。凡詐偽苦窳之器，不能眩惑求售，可謂有益於世矣」。（《新增格古要論》）就如清代四庫館臣所

評：「其於古今名玩器具，真贗優劣之辨，皆能剖析微至；又諳悉典故，一切源流本末，無不指掌了然，故其書頗為賞鑑家所重。」[003] 也像他本人所說：「凡見一物，必遍閱圖譜，究其來歷，格其優劣，別其是否而後已。」曹昭之後，舒敬對其進行了編校，並寫道，「予竊觀而愛之，頗為增校，訂其次第，敘其篇端，亦可謂格物致知之一助也」。後來，王佐按照相同的思路對《格古要論》作了增訂，他在《新增凡例》中說，是編合舊本二本而錄之，亦格物致知之事。可見，以《格古要論》為代表的明初著作，集中了作者的經驗、學識和智慧，以發展對於器物的收集、分類、辨偽和考證。宋代理學強調「博學之，審問之，慎思之，明辨之」（《朱子語類》卷十八）的格物態度，是儒家認識論的基本觀點。在宋儒格物觀的影響下，明初鑑賞家總能在對器物的考證、闡釋、鑑定和辨偽中即物窮理，以達到通曉道理和獲得知識的目的。

　　然而，在明代中期以後，對器物的鑑賞活動擴大為一種風雅的生活方式，觀物、用物、論物逐漸成為文人實踐其審美觀和文化理想的方式。在當時的社會環境下，許多仕宦罷歸者，或陶情於聲伎，或恣意於山水，或學仙談禪，或求田問舍，大多追尋一種不以仕途為重而寄情於藝的優雅生活。「會一點琴棋書畫，懂一點茶，飲一點酒，能蒔花、藝香、品壺、論陶、鑑

---

003 [清]永瑢、紀昀等：《四庫全書總目·子部·雜家類存目七》，《格古要論》，中華書局 1965 年影印本。

賞古董」[004]，成為文人的基本修養。對器物的鑑、藏、賞、玩活動是一種「清賞」、「清玩」，是文人的「雅好」，能夠展現文人的「雅趣」。中晚明文人將器物從枯燥的經史研究中解脫出來，使之成為實現自身風雅生活的手法。費元祿在《晁采館清課》中所言「抗志絕俗，玩物采真」，即是說透過品鑑和玩賞器物獲得美感和生命經驗，反映了文人鑑賞家「法天貴真，不拘於俗」（《莊子·漁父》）的生命態度。這樣，原本只是與求知得道相關的器物，因與鑑賞家的風雅生活相契合而獲得生命，轉而成為鑑賞主體美感和性靈的載體，器物鑑賞也最終成為一種審美的生活方式。「風月晴和之際，掃地焚香，烹泉速客。與達人端士談藝論道，於花月竹柏間盤桓久之。飯餘晏坐，別設淨几，輔以丹罽，襲以文錦，次第之出其所藏，列而玩之。」[005]品古賞今、玩物采真的清雅與閒適，正是文人鑑賞家所追尋的境界。

　　對器物的審美活動，具體而言表現為從器物的大小尺寸、顏色肌理、形制結構和材料質感等方面的品鑑。如袁宏道《瓶史》中寫室內陳設的「几」和「藤床」的樣式，「室中天然几一，藤床一。几宜闊厚，宜細滑。凡本地邊欄漆桌、描金螺鈿

004　龔鵬程：〈中國傳統社會中的文人階層〉，《淡江人文社會學刊》2000 年第 10 期。
005　[明] 董其昌：《骨董十三說》八說，《叢書集成續編》，第 94 冊，（臺北）新文豐出版公司 1985 年版，第 66 頁。

床，及彩花瓶架之類，皆置不用」[006]，從形體、材質和裝飾角度對這兩樣家具的形式提出了看法，即是一種堅固、細膩、精緻，卻簡潔不事雕琢的風格。文震亨也對「几」有所論述：「天然几……第以闊大為貴，長不可過八尺，厚不可過五寸，飛角處不可太尖，須平圓，乃古式。照倭几下有拖尾者，更奇……或以古樹根承之……略雕雲頭、如意之類，不可雕龍鳳花草諸俗式。」[007] 文氏論「天然几」的樣式首先是以「古式」為參照對象，同時對「倭几下有拖尾」的新奇樣式並不排斥。相似的例子不勝枚舉，如屠隆的《考槃餘事》、高濂的《燕閒清賞箋》裡都有許多例子，說明鑑賞家能從器物的大小、華素、濃淡、精粗、色質等形式因素出發，結合內含的文化意蘊，對器物進行綜合的審美評價。

　　無論如何，在中晚明文人的鑑賞話語中，對器物的社會歷史特徵，如年代、真贗、名物制度等已經不再強調，關注更多的是器物本身的特徵，如形、色、質等。中晚明器物鑑賞活動由單純的考辨轉向綜合的審美，器物的形、色、質及其文化內蘊，構成一個整體的審美對象，帶給鑑賞者精神上的愉悅，並引發鑑賞家的評論。中晚明筆記小品中的器物鑑賞成果最為豐

---

006 ［明］袁宏道：《瓶史》，《袁宏道集箋校》（中），上海古籍出版社 2008 年版，第 823 頁。

007 ［明］文震亨著，陳植校注：《長物志》卷六〈几榻〉，江蘇科學技術出版社 1984 年版，第 244 頁。

富，舉凡齋室廬舍、花木園藝、筆硯爐瓶、琴棋書畫、山水園林、服飾妝容等日常生活所涉之物，都在文人鑑賞的範圍內。可以說，不論是遊觀山水還是閒居在家，文人鑑賞家總是不厭其煩的賦詠亭臺樓閣、品辨花木園藝、玩賞筆硯爐瓶、指點服飾裝綴……他們以一種品辨和玩味的審美眼光去觀照周遭的萬物，並以優美精妙和靈趣十足的語言，做出一語中的的評價。

　　清初及以後，明代文人的空疏不學和明代學術的沒落，曾一直為學術界所詬病，但若從另一個角度來看，明代知識階層也為我們打開了一個看待物質文化的新視野。他們將目光從器物的社會歷史特徵（年代、真贗、名物制度等），轉移到器物本身的特徵（形、色、質等），使器物從歷史文化的象徵符號還原為審美和物質消費品。這種由形而上到形而下的轉向，使器物第一次以實用美術品的角色進入欣賞和批評的視野，客觀上有利於器物鑑賞和設計水準的進步。

三、從「寓意於物」到「借怡於物」

　　除了形式審美因素在器物鑑賞觀中的逐漸凸顯，明代圍繞物品實用性和舒適性為中心的器物鑑賞觀也被提出。王陽明建立的心學體系，強調獨立的自我意識，並帶動當時社會形成一股重個體、崇自我的思潮。明代文人對自我生命意志與生存價值的重新思考，帶來了自我意識的上升，進而呈現為對個體生命的自我尊重與適意人生的追求。在強烈的主體意識和閒享自

適的人生哲學下，人們普遍更加關注自身及與自身日常生活息息相關的事物，也越來越趨向於追求安逸和享樂。對安逸、舒適和享樂的強調，是一種感官享受的需求，且這種需求是借助於物質產品來實現的。可以看到，中晚明文人已不再像蘇軾勸誡的那樣與物保持謹慎的疏離態度，而是將物品服務於自我生命的意義作為第一要義，以身體經驗為出發點，強調「舒適感」和全方位的感官體驗。

　　由於儒家將器物視為禮樂的載體，明代以前，文人往往關心器物所代表的社會意義，故禮器和器物的禮樂內涵頗受關注。與此同時，對形而下的物質文化持規避的態度，日常所用的普通器物及其生產技術、美感常被忽視。孔子說：「器以藏禮，禮以行義，義以生利，利以平民，政之大節也。」（《春秋左傳》）社會和政治象徵意義是器物的首要意義，也只有服務於政教的禮器，才會得到較高的關注。除此之外，若執著於身外之物，則有「害道」的危險。於是，晉人王恭那種「吾平生無長物」的無物自足的超然心態，成為後代文人所追慕的境界。蘇軾曾說：「君子可以寓意於物，而不可以留意於物。寓意於物，雖微物足以為樂，雖尤物不足以為病；留意於物，雖微物足以為病，雖尤物不足以為樂。」蘇軾的告誡，意在提醒君子與日常之物保持一定的距離，不可耽溺。日常之物是現實生計和身體享受的符號，是君子超越蠅營狗苟人生的大敵。「寓」還

是「留」，是關乎君子道德情操的關鍵，「寓」則可為樂，「留」必為物所役。既然器物只是寄寓政教意義或道德情操的載體，那麼，無論是琢物成器的生產技術還是器物的形式美感，也都不是君子所應關注的。

　　然而明初嚴酷的政治環境，使越來越多的文人被迫或主動選擇了遠政治、重個人的生活道路，他們所具有的傳統的政治和社會角色意識也相應淡化。對政治生活的疏離和對政治責任的看淡，帶來的是對自我生命意志與生存價值的重新思考。而王陽明建立的心學體系，強調自尊獨立的自我意識，其後學王艮也透過肯定「百姓日用」的價值來實踐心學體系，認為「聖人之道，無異於百姓日用」，「百姓日用條理處，即是聖人之條理處」。這種由「上」而「下」、由「大我」而「小我」的觀念轉變是一種主體意識的覺醒，促使人們普遍更加關注自身及與自身日常生活息息相關的事物。因而，對於明代文人來說，器物不僅僅是禮樂文化的載體或是道德情操的象徵，更是服務於個體人生的審美和物質消費品。僅「寓意於物」顯然是不夠的，「借怡於物」才能「內暢其性靈」。[008] 於是，像蘇軾勸誡的那樣與物保持謹慎的疏離態度，漸漸喪失了說服力。事實上，隨著市場的活躍和物質產品的豐富，明代越來越多的文人參與古董交易，致力於器物鑑定，痴迷於器物收藏，並就此著書立說。耽溺於物不再是可怕的

---

008 [明] 沈春澤：〈《長物志》序〉，文震亨原著，陳植校注：《長物志》，江蘇科學技術出版社 1984 年版，第 10 頁。

第二章　明清時期的設計美學

道德墮落，而是自我意識和真情實感的展現，相反，無所寄託、忙碌終日卻更可能使人生變得空洞無趣，毫無意義。從「寓意於物」到「借怡於物」，標示著明代文人生活重心由社會而個人的轉向與回歸。「借怡於物」是明代一種不同於前代的物質觀，客觀上引導了造物設計回歸其日常使用價值。

從「寓意於物」到「借怡於物」的轉變，助長了一種普遍的「遵生」理念，使精神愉悅和身體享受成為明代文人自覺的生活經營目標。「遵生」的話題在中晚明十分盛行，袁宏道稱「湖水可以當藥，青山可以健脾」，鼓吹遊山玩水的養生觀念。明人相信人與物的朝夕接觸，必使物類相感，物品的陶冶作用可以透過調節人體的小宇宙，達到養生的目的。南宋趙希鵠在《洞天清錄·序》中曾嘆：「人生一世，如白駒過隙，而風雨憂愁輒居三分之二，其間得閒者才一分耳！」既然如此，「吾輩自有樂地……明窗淨几，羅列布置；篆香居中，佳客玉立相映。時取古人妙跡以觀，鳥篆蝸書，奇峰遠水，摩挲鐘鼎，親見商周。端硯湧岩泉，焦桐鳴玉珮，不知人世，所謂受用清福，孰有逾此者乎？是境也，閬苑瑤池未必是過」。閒適的鑑賞生活成為明代文人怡情悅性的方法並被充分發展，直至晚明形成了一個歷史性的高峰。

「借怡於物」從身體滿足角度對物品適用性提出的要求，不僅需要透過功能設計來實現，也使得用物體驗中的舒適感成為

第一節　從「格物」到「玩物」：器物鑑賞觀的轉變

被關注的焦點。文震亨在《長物志》中讚賞的「二宜床」設計巧妙，除了冬夏可用，刻畫精美，還可以插香、插花，令床笫間芬芳馥郁。燕閒生活可以展經史、閱書畫、陳鼎彝，也可以羅肴核、施枕簟，無意安排，只求適意。而晚明清初的李漁則親自動手，他曾設計一種「涼杌」以緩解酷暑燕居的燥熱，又設計一種「暖椅」來對抗冬日閒居的苦寒。李漁將床視為與結髮之妻相似的半生相共的物品，因而對其特別講究。尤喜以鮮花裝扮床帳，若鮮花不可得，也要焚香替代。「遵生」觀念使文人將自身的物質需求提升到較高的位置，開始尊重自己的欲望，重視俗世生活的經營和身體的養護，身體的經驗成為需要考慮的重要問題。屠隆讚賞的滾腳凳，「凳中鑿竅活裝，以腳踹軸，滾動往來」[009]。而文震亨也寫道：「腳凳，以木製滾凳，長二尺，闊六寸，高如常式，中分一鐺，內二空，中車圓木二根，兩頭留軸轉動，以腳踹軸，滾動往來。蓋湧泉穴精氣所生，以運動為妙。竹踏凳方而大者，亦可用。」[010]將滾凳置於桌案之下，用足掌推動，刺激湧泉等穴，有養生、治病之效。如果說，玩物活動中，文人在器物形式風格上的要求是在強調一種美感經驗，那麼，他們在用物中，對物品適用性方面提出的要求，則是尋求一種舒適感和快感。

---

009 [明] 屠隆：《考槃餘事》，浙江人民美術出版社 2011 年版，第 305 頁。

010 [明] 文震亨著，陳植校注：《長物志》卷六〈几榻〉，江蘇科學技術出版社 1984 年版，第 244 頁。

第二節
趨雅避俗、尚雅貶俗：設計的審美導向

　　作為審美評價的標準，「雅」和「俗」這對範疇在文論和畫論中早已出現，被用以評價文學作品和繪畫的審美品格。北宋韓拙的《山水純全集》中論畫即有：「作畫之病者眾矣，惟俗病最大。」元代黃公望提出「作畫大要，去邪、甜、俗、賴四個字」（《南村輟耕錄》中收《寫山水訣》）。明代以來，自恃為雅文化與雅藝術代表的文人階層，也將「雅」和「俗」作為常用的評價語言和對設計物進行最終判斷的範疇來使用，提出了尚雅而貶俗的審美批評標準。明清文人尤喜將「雅」、「俗」對舉、比照，以明確趨雅避俗、尚雅貶俗的具體內涵，並發展了一系列分別與「雅」、「俗」相關的次級範疇。將明清文人設計批評中的「雅」、「俗」評價做進一步的剖析，其鑑賞語句不僅透露了作者欲以自身趣味引導鑑賞和消費的願望，從社會學視角分析，更是掌握文化區分的支配階層實踐其自身文化合法性的結果。尤其是對於身居變動的中晚明文人來說，其雅俗趣味的闡述已經超越了單純的形式標準，而上升為一種文化乃至社會空間的劃界，即以標榜文人審美趣味來完成文化的劃界和階層的區分。

一、文人批評雅俗標準的權威性及其內涵

作為一種價值尺度，雅俗觀念是中國文化和藝術的重要觀念，文人成為雅俗判別最權威的主體，經歷過一個隨歷史演進而逐漸流變的過程。

早期的雅俗觀念是統治者文化權威地位的反映，具有鮮明的等級色彩。最早的雅俗觀念產生於對音聲的判別，天子與封國各執一端。《荀子·榮辱》作「越人安越，楚人安楚，君子安雅」，《荀子·儒效》曰「居楚而楚，居越而越，居夏而夏」，可見「雅」與「夏」是互通的。梁啟超認為：「雅音即夏音，猶言中原正聲云耳。」[011] 也就是說，先秦時期作為政治中心的中原地區的發音習慣和樂歌，即是雅音和雅樂。《詩經》的「風」、「雅」、「頌」三體就是先秦時期政治差別在文化上的反映。鄭樵說：「風土之音曰風，朝廷之音曰雅。」[012]《春秋左傳正義》疏「為之歌小雅」曰：「小雅、大雅，皆天子之詩也。立政所以正下，故《詩序》訓雅為正，又以政解之。天子以政教齊正天下，故民述天子之政，還以齊正而為名，故謂之雅。」[013] 推舉雅音和雅樂，對四方諸侯封國的風俗產生匡正和示範的作用，是

---

011 梁啟超：〈釋四詩名義〉，《飲冰室合集》專集之七十四，中華書局 1989 年版，第 95 頁。

012 [宋]鄭樵：《昆蟲草木略·序》，《通志》卷七十五，中華書局 1987 年版，第 865 頁。

013 [唐]孔穎達：《春秋左傳正義》卷三十九，中華書局影印阮元刻《十三經注疏》本，1980 年版，第 2007 頁。

第二章　明清時期的設計美學

周代統治者建構禮樂制度的重要內容。《史記》說：「夫上古明王舉樂者，非以娛心自樂、快意恣欲，將欲為治也。正教者皆始於音，音正而行正。故音樂者，所以動盪血脈，通流精神而和正心也。」然而，隨著周王室的衰微，雅音和雅樂漸廢，鄭、宋、衛、齊之音漸起。當孔子擔憂的提到「惡鄭聲之亂雅樂」時，「雅」和「俗」第一次作為對立的文藝批評的價值尺度被提出了。東周王綱解紐、官學式微的局面，雖是周代國家制度走向沒落的徵兆，卻也是知識分子自我意識覺醒的契機。諸子紛紛提出有別於以政治等級判別雅俗，而是以人生追求和文化理想判別雅俗的新標準。老子曰：「俗人昭昭，我獨昏昏；俗人察察，我獨悶悶。」有著高尚人格操守和文化追求的知識分子，在價值觀念上自是能超越俗人而表現出批判的態度。莊子云：「繕性於俗，俗學以求復其初；滑欲於俗，思以求致其明：謂之蔽蒙之民。」，「喪己於物，失性於俗者，謂之倒置之民。」警醒人們不應失卻本性而流俗，而應「不為軒冕肆志，不為窮約趨俗」，確立高尚的文化人格。士階層獨立的精神和人格在此得到充分張揚，他們「以自己的文化理想和文化人格為雅，展現了知識分子的文化理念和菁英意識，反映了對現實的批判態度和改造現實的思想傾向」[014]。可以說，知識階層在春秋諸子爭鳴的文化變革中，篡取了本為統治者所掌握的文化權威，雅俗對立

---

014 王齊洲：〈雅俗觀念的演進與文學形態的發展〉，《中國社會科學》2005 年第 3 期。

之「雅」的一端也轉移到了知識階層手中。

　　此後，知識階層透過其文化優勢地位，自命為雅文化和雅藝術代言，主動辨明人格、品賞文藝，從各個角度闡釋雅俗之內涵，並提出自己的雅俗觀念。明清文人也都將雅俗標準視為至關重要的價值評判標準，對任何事物的判斷都可用「雅」和「俗」定性；並且，文人的文化菁英意識，使得他們在批評中做出趨雅避俗、尚雅貶俗的一致選擇。就如明人黃孟威在〈雅俗辨〉中寫道：「嘗思天下事有萬緒，人有萬致，總之不越雅俗兩端」，「一舉動，一語嘿，一食息，一器物，一嗜好，一使令，莫不有雅，莫不有俗」。而在雅俗兩端，文人大多以雅自居，儼然雅文化和雅藝術的代言人。

　　「雅」和「俗」既是經典的文藝批評標準，又在明清文人的設計批評中有其獨特的內涵。明清文人設計批評中的雅俗標準，是其審美的價值尺度的展現，有著鮮明的主體性特徵。價值問題是因人的存在而存在的，作為價值觀念的特殊形式之一的審美價值觀念，也是人所創造的。實踐主體總是從自己出發，按自己的能力、方式、需求和尺度，去理解客體、改造客體。笛卡兒曾用「我思」來強調主體的存在以及「思」的主體性。思想者決定著思想，「我思」成為知識的先決條件。的確，任何認識和實踐都客觀的存在著一種「主體性效應」。明清文人的設計批評中也有這種「主體性效應」，因此，其設計審美批評對雅俗標準的把握與批評主體的內在特徵密切相關。具體的

第二章　明清時期的設計美學

說，即是文人作為設計批評主體，其內在需求和尺度、思想境界、審美能力等三個方面，決定著批評中雅俗標準的掌握。但是，這種複雜的狀況並不影響我們去探討潛藏在文人的設計批評話語中的「集體著作意識」，並對文人的設計批評做更為宏觀和辯證的思考。儘管因為個體的文化修養、生活環境、社會地位、性格操守的不同，文人批評家對設計物形式方面的主張和評價常有牴牾，甚至同一批評家在不同的批評語境中的言論，也會有不一致的情況。然而，明清文人的雅俗標準仍然可以表現出一種普遍性。表現為：歷史的文化語境，使明代文人選擇了在藝術中發展以道家的「自然」境界為中心的美學觀，他們嚮往自適無礙的藝術欣賞與創作境界，其設計批評大多傾向於素樸、平淡的風格趣味。

在中國古代，「自然」一詞的最基本含義是指包括天、地、山、川、風、雨、晴、晦等自然界所有的現象和事物。由於中國人自古相信大自然與人事具有互相感應的關係，在闡釋美和藝術的問題時，也將「自然」視為極重要的範疇。尤其是在道家的美學觀中，它既是藝術的來源，又是藝術的最終依歸，是貫穿其美學思想的核心範疇。晉人王戎稱：「聖人貴名教，老莊明自然」，名教和自然可以看作是儒、道之分界。而就審美來說，道家的「自然」卻存有儒家之「中和」不可超越的至高境界。道家美學觀中的「自然」，其主要美學意涵在於對「自然」的兩方面的衍生。一方面，自然本用以指代事物本身的規律和屬性，

是棄絕人工的無為和天然，在審美上則表現為一種素樸、平淡、不加人為的本然之美。老子云：「人法地，地法天，天法道，道法自然。」道家思想把自然視為理想的社會狀態和道德境界，是師法的對象。萬事萬物的終極規律在於自然，而不在人工，當然就包括美的規律。郭象注《莊子‧齊物論》云：「天然耳，非為也，故以天言之。以天言之，以明其自然也。」又注《莊子‧逍遙遊》：「天地以萬物為體，而萬物必以自然為正。自然者，不為而自然也。」都是在說一種不假人工，「不刻意而高」的無為而治。莊子所說的天地之「大美」，也正是這種無意而為的素樸和天然之美。從審美上說，文明之美代表著人為的修飾，是用一種「小美」去破壞事物的「大美」，都將使事物偏離它的本性和本質。另一方面，自然可指人的自適情性，即摒棄理性思維後，自然而然、不假造作的率真本性，在審美上與藝術創作和審美心境的無意志性、無目的性的任情及天真狀態相通。「真者，精誠之至也，不精不誠，不能動人。」道家「貴真」，主觀的真誠是與名教的偽飾相對的，無論是其本身還是反映在文藝中，都因其切實的感染力而具有美感。因此，不僅「從心所欲不踰矩」的感情外露能夠為人所接受，甚至恣意放誕、離經叛道的性情外化也為人所欣賞。作為審美範疇的「自然」，其美學內蘊正在於此二者。因為前者，莊子所以主張「既雕既琢，復歸於素樸」；因為後者，莊子也激賞「解衣般礴」的酣暢和真氣。在明清文人的美學觀裡，不論是講求天地萬物符合陰陽運行大化的「自然」，抑

或是強調絕對自適無礙的「自然」，都是並行不悖的，「好雅」與「求真」在某種程度上也是相通的。

二、文人批評雅俗標準的話語形構

在設計的審美批評中，明清文人強有力的提出了一系列趨雅而避俗、尚雅而貶俗的批評標準，將「雅」和「俗」作為常用的判斷語言和對設計物進行最終判斷的範疇。文人慣以「雅」和「俗」來定性的評價對象，標舉「雅」的設計趣味，並否定「俗」的設計趣味。文人對設計物的雅俗判別甚至形成了特定的話語模式，並透過「雅」和「俗」分別涵攝了一系列對立的審美範疇，這些範疇能夠反映文人批評家雅俗觀念的豐富內涵，並成為設計審美批評中的具體標準。

（一）文人設計批評中的「雅」、「俗」對舉

「雅」是明清文人設計審美批評中「涵攝性最廣的價值語彙」，通常被文人批評家所認同的設計即為「雅」，與之相對的則是「俗」。學者毛文芳曾以《長物志》為例，將文人批評家文震亨做出雅俗判斷的敘述模式簡化為：「『某物』『如何』為『雅』，『某物』『如何』則為『俗』。」[015] 作者指出，在這個模式中，「某物」可以是書畫、詩文、器物、建築等一切可供品賞的對象；「如何」這一部分是對於「某物」的條件規定，如形

---

015 毛文芳：《晚明閒賞美學》，臺北：學生書局 2000 年版，第 203 頁。

制、材質、用途、樣式、年代、裝飾、顏色等。比如：「古人
製几榻，雖長短廣狹不齊，置之齋室，必古雅可愛……今人製
作，徒取雕繪文飾，以悅俗眼，而古制蕩然。」[016] 批評家這裡
藉古人之制來論述「几榻」設計的形式，對舉出「雅」、「俗」
不同的兩種設計。將批評家的敘述語句簡化後，正是「『某物』
『如何』為『雅』，『某物』『如何』則為『俗』」的敘述模式。
又如，論「琴臺」：「當更製一小几，長過琴一尺，高二尺八
寸，闊容三琴者為雅。坐用胡床，兩手更便運動，須比他坐稍
高，則手不費力。更有紫檀為邊，以錫為池，水晶為面者，於
臺中置水蓄魚藻，實俗制也。」[017] 論「照壁」：「得文木如豆瓣
楠之類為之，華而複雅。……有以夾紗窗或細格代之者，俱稱
俗品。」[018] 不難發現，批評家採用的仍是先作形式分析，再判定
雅俗的敘述模式，而明清許多文人的鑑賞語句，也都不約而同
的選擇了這種敘述模式。如沈德符論「摺扇」：「吳中摺扇，凡
紫檀、象牙、烏木者，俱目為俗制，唯以棕竹、毛竹為之者，
稱懷袖雅物。其面重金，亦不足貴，唯骨為時所尚。」[019] 又如，

016　[明] 文震亨著，陳植校注：《長物志》卷六〈几榻〉，江蘇科學技術出版社 1984
　　　年版，第 225 頁。

017　[明] 文震亨著，陳植校注：《長物志》卷七〈器具〉，江蘇科學技術出版社 1984
　　　年版，第 423 頁。

018　[明] 文震亨著，陳植校注：《長物志》卷一〈室廬〉，江蘇科學技術出版社 1984
　　　年版，第 26 頁。

019　[明] 沈德符：《萬曆野獲編》卷二十六〈玩具〉，中華書局 1959 年版，第 663 頁。

第二章　明清時期的設計美學

計成論園林鋪路：「園林砌路，做小亂石砌如榴子者，堅固而雅致，曲折高卑，從山攝壑，惟斯如一。有用子石間花紋砌路，尚且不堅易俗。」[020]謝肇淛論硯石選用：「硯則端石尚矣，不但質潤發墨，即其體裁，渾素大雅，亦與文館相宜。無論琉璃金玉，靡俗可憎，即龍尾、紅絲見之，亦當爽然自失。」[021]

在高濂的《遵生八箋》、張謙德的《瓶花譜》、袁宏道的《瓶史》和屠隆的《考槃餘事》中，都有許多相似的例子。整體來看，文人在設計的審美批評中，已經廣泛的選用了「雅」和「俗」這一對概念，來歸納設計物的形式特徵和評價設計對象的審美品格。明清文人在設計的審美批評中，以雅俗辨物的話語形構，是其以雅俗辨人並自命為雅的人格訴求的延伸。

（二）設計批評中「雅」與「俗」涵攝的審美範疇

「雅」和「俗」作為審美批評的判斷話語，展現了文人對設計物所營造的美感氛圍的好惡。對於特定的情境和美感，文人批評家還發展出更多的審美範疇來表述，它們在本質上都與「雅」和「俗」兩種基本的取向有密切的對應關係。

如表示肯定，除了最為批評家所常用的「雅」，還有「韻」、「神」、「清」、「趣」、「佳」、「妙」、「古」、「淡」、「幽」、「野」、「拙」、「精」、「奇」等。這些審美範疇或單獨

---

020 [明] 計成著，陳植注釋：《園冶注釋》卷三〈鋪地〉，中國建築工業出版社 2009 年版，第 94 頁。

021 [明] 謝肇淛：《五雜俎》卷十二，上海書店出版社 2001 年版，第 235 頁。

成詞，或共同組成指涉更為明確的概念，如「雅韻」、「雅趣」、「雅拙」、「雅潔」、「古雅」、「淡雅」、「精雅」、「清雅」、「風雅」、「勝韻」、「高韻」、「氣韻」、「風神」、「神妙」、「天趣」、「幽趣」、「清賞」、「佳妙」、「古意」、「古風」、「古樸」、「古拙」、「精妙」、「奇品」……以下僅舉幾例，以示文人批評家對這些範疇的運用。

臺几，倭人所製，種類大小不一，俱極古雅精麗。有鍍金鑲四角者，有嵌金銀片者，有暗花者，價俱甚貴。近時仿舊式為之，亦有佳者，以置尊彝之屬，最古。[022]

時壺名遠甚，即遐陬絕域猶知之。其制始於供春，壺式古樸風雅，茗具中得幽野之趣者。後則如陳壺、徐壺，皆不能彷彿大彬萬一矣。[023]

司馬公哥窯合卺雙桃杯，桃一合一開，即有哥窯盤承之，盤中一坎正相容，亦奇物也。[024]

即如圖書鼎彝之屬，亦須安設得所，方如圖畫。雲林清祕，高梧古石中，僅一几一榻，令人想見其風致，真令神骨俱冷。故韻士所居，入門便有一種高雅絕俗之趣。[025]

---

022 [明] 文震亨著，陳植校注：《長物志》卷六〈几榻〉，江蘇科學技術出版社 1984 年版，第 234 頁。

023 [明] 陳貞慧：《秋園雜佩》，《叢書集成初編》第 2945 冊，商務印書館 1936 年版，第 4 頁。

024 [明] 陳繼儒：《妮古錄》卷四，華東師範大學出版社 2011 年版，第 98 頁。

025 [明] 文震亨著，陳植校注：《長物志》卷八〈位置〉，江蘇科學技術出版社 1984 年版，第 347 頁。

第二章　明清時期的設計美學

　　同樣，作為表示否定價值判斷的「俗」，在文人批評家的語句中也有一些變體。如，「不韻」、「無趣」、「不佳」、「不妙」、「板俗」、「惡俗」、「凡俗」、「靡俗」、「俗品」、「凡格」、「悅俗眼」、「可厭」、「不入品」、「失古意」、「不入清賞」……以下僅舉幾例以證之：

　　閩中牙刻人物，工致纖巧，奈無置放處，不入清賞。[026]

　　折花須擇大枝……鋪蓋瓶口，令俯仰高下，疏密斜正，各具意態，得畫家寫生折枝之妙，方有天趣。若直枝蓬頭花朵，不入清供。[027]

　　懸畫宜高，齋中僅可置一軸於上，若懸兩壁及左右對列最俗……堂中宜掛大幅橫披，齋中宜小景花鳥，若單條、扇面、斗方、掛屏之類，俱不雅觀。[028]

　　歷來牆垣，憑匠作雕琢花鳥仙獸，以為巧製，不第林園之不佳，而宅堂前之何可也。雀巢可憎，積草如蘿，袪之不盡，扣之則廢，無可奈何者。市俗村愚之所為也，高明而慎之。[029]

　　這些審美範疇是文人批評話語的語彙形式，也是具體的批

026　[明] 高濂撰，王大淳點校：《燕閒清賞箋》，《遵生八箋》，巴蜀書社 1992 年版，第 558 頁。

027　[明] 高濂撰，王大淳點校：《燕閒清賞箋》，《遵生八箋》，巴蜀書社 1992 年版，第 639 頁。

028　[明] 文震亨著，陳植校注：《長物志》卷八〈位置〉，江蘇科學技術出版社 1984 年版，第 351 頁。

029　[明] 計成著，陳植注釋：《園冶注釋》卷三〈牆垣〉，中國建築工業出版社 2009 年版，第 88 頁。

評標準。從中可以看到，明清文人正以「雅」、「俗」為中心擴展開來，積極的建立一套關於設計物的較為固定的、具體的評價標準。

三、身分的危機與確認：《長物志》雅俗觀的一種闡釋

在晚明物質文化和設計研究領域內，文震亨撰著的《長物志》是一部重要的典籍，它文風清雅、涉獵浩博，常因其對居處日用豐富而鮮明的審美觀點為研究者所重。回顧對《長物志》的研究，以「精」、「簡」、「宜」、「韻」、「古雅」、「尚用」為核心的用語，成為總結文氏對居室器用審美態度的關鍵字。這其中有些是具體的形式標準，有些是抽象的審美判斷，然概而觀之，《長物志》的終極審美判斷是以「雅」為核心建立的一系列標準，也常以「雅」與「俗」的對舉做出語言上的表述。雅俗觀是中國傳統文藝美學的經典範疇，將文氏的審美判斷置於晚明特殊的社會背景中，會發現《長物志》的雅俗觀，不僅注釋了變動中的晚明社會雅俗互見的多元審美趣味，其話語背後，更潛藏了以作者為代表的晚明文人對自身菁英身分的危機意識。

（一）社會變動下的文人身分危機

文震亨生活的晚明，正是中國傳統社會向近代轉型的初期，從「資本主義萌芽」論到「早期工業化」之說，史學界從經濟結

構、生產方式以及階層流動等方面，佐證了這個時期社會所發生的變化。儘管因為缺乏制度和政體的革新，中國隨後並沒有順利走上近代化的道路，然而晚明社會許多特殊的現象，仍具有近代化的意義。白銀貨幣化和大量流通是晚明經濟的重要現象，白銀流通直接促使市場化的商品經濟在一些區域萌芽。在明代，「以銀代役」、「以銀代捐」的現象非常普遍。用白銀沖抵手工勞動和農業稅，使部分農民從土地中解脫出來，成為構成城市人群的手工業者和商人，並擁有了一定的財富和消費能力。經濟結構和生產方式的變化，帶來的是社會階層的流動。

　　在文震亨生活的江南地區，新崛起的富裕階層已經構成了一個龐大的消費族群，不僅展現出強大的日常消費能力，並積極活躍在文化藝術品市場。江南富家起宅建屋、造設園林一時成風，其宅內家具陳設品也多搜珍獵奇，不惜成本。時人張瀚有言，吳地「其民利魚稻之饒，極人工之巧，服飾器具，足以炫人心目，而志於富侈者，爭趨效之」[030]。《雲間據目抄》記，隆萬以來，紈褲豪奢對器具用具極其講究，「凡床廚几桌，皆用花梨、癭木、烏木、相思木與黃楊木，極其貴巧，動費萬錢」[031]。《太函集》記「賈於揚州」的徽商吳伯舉「脫遇法書

---

030 [明]陳洪謨、張瀚著，盛冬鈴點校：《松窗夢語》卷四，《治世餘聞、繼世紀聞、松窗夢語——元明史料筆記叢刊》，中華書局 1985 年版，第 83 頁。

031 [明]范濂：《雲間據目抄》卷二〈記風俗〉，《筆記小說大觀》第 6 冊，江蘇廣陵古籍刻印社 1995 年版，第 509 頁。

名畫，鐘鼎敦彝，輒傾囊購之，不遺餘力」[032]；休寧商人吳用良，「其出入吳會，遊諸名家，購古圖畫尊彝，一當意而賈什倍」[033]。新富階層以強大的消費能力參與文化活動，反映了經濟地位上升後的他們爭取社會席位和獲得社會身分的強烈願望。

　　與之相比，晚明文人階層卻在某種意義上處於沒落的邊緣。晚明文人族群龐大，入仕機會有限。科舉考試形式空泛、內容僵化，甚至受到權力、金錢、門戶、人情等因素的影響而失去公正，使得許多有才華的人難以入仕。尤其是嘉靖、隆慶、萬曆三朝，朝廷內部黨爭不斷、閣臣間相互傾軋。政局混亂使得文人即使入仕，其政治抱負也難以實現。科舉無望棄絕仕途或主動「棄巾」者，在文人中極多見。當文人的身分無法繼續由政治與經濟條件來有效的界定時，他們便回歸到文化領地，透過創設自成一格的生活風格，來緩解身分被同化的焦慮。文震亨自述其著述緣由即是因為對「時人雅俗莫辨」、「專事絢麗、目不識古」、製作「苟且」以致「毫無韻物」不滿，意欲以「雅」的品味，引導人們設計和欣賞。

（二）《長物志》折射出的文人主體意識

　　綜觀《長物志》全文，可以看到作者趨雅避俗、尚雅貶俗的

---

032 ［明］汪道昆：《太函集》卷三十七〈吳伯舉傳〉，黃山書社 2004 年版，第 19 頁。

033 ［明］汪道昆：《太函集》卷五十二〈明故太學生吳用良墓誌銘〉，黃山書社 2004 年版，第 16 頁。

趣味取向表現得十分鮮明，常以「雅」、「俗」對舉的鑑賞句式評價對象的優劣，並慣以一系列絕對的用語模式，表達鮮明不貳的審美判斷。除前文所列舉的緊湊的「雅」、「俗」對舉的句式，《長物志》中還有許多結構甚為鬆散的雅俗判斷語句。如在〈室廬〉篇中，文震亨認為，素壁雅，畫壁俗；堂簾以溫州湘竹為雅，簾上若繡花、或有如「壽山福海」字樣之類則為俗；承溜用竹則雅，用木與錫則俗；臨水亭榭以藍絹為幔、紫絹為帳為雅，用布以類酒船及市藥設帳則俗；廊、徑與入門處宜迴曲為雅，平直則為俗……批評家將「雅」和「俗」這對概念，與物品特定的形、色、質、材等形式要素對應起來，廣泛的用於評價居室器玩等設計物的形式特徵和審美品格，對孰雅孰俗表達了涇渭分明、非此即彼的態度。

　　文人批評家鮮明的審美判斷，在用語上還表現為常以「宜」和「忌」帶出對某物形制、用色、選材或是整體布置方法的議論。如：「堂中宜掛大幅橫披，齋中宜小景花鳥，若單條、扇面、斗方、掛屏之類，俱不雅觀。」[034] 透過「宜」與「不宜」、「忌」這類的指導性用語，將批評家對設計物的形式審美判斷以鮮明的方式對舉出來，為設計者提供了非常具體的參照和規範。此外，文人批評家還慣用如「……最佳」、「……為上」、

---

034 [明] 文震亨著，陳植校注：《長物志》卷八〈位置〉，江蘇科學技術出版社 1984年版，第 351 頁。

「……最惡」、「……不可用」等判斷性用語，毫不含糊的表達自身的審美偏好。這類指導性或判斷性用語在《長物志》中比比皆是，流露出作者內含的強烈的主體意識，和意欲規定設計方方面面的權威心態。

法國社會學家皮耶‧布赫迪厄（Pierre Bourdieu）認為，儘管「文化是任意的、人為的建構系統，從來沒有天然合法、高貴的文化類型」[035]，但在社會場域內，支配階層掌握了文化的區分遊戲，並在對文化實施差異化操作的過程中，將展現其自身特徵的品味、生活方式以及文化消費模式，作為合法化依據和標準，用以評價文化優劣，使其「統治秩序獲得合法性和正當性」[036]。《長物志》中對照鮮明的語句和不容置疑的語氣，反映的正是當知識階層成為文化區分的支配階層後，他們將自身審美標準置於其他文化類型之上所顯示出的一種專斷性。

（三）作為階層劃分工具的雅俗趣味

然而，能從這些雅俗判別語句中讀到的，遠不只是形式審美的標準。對於身處世變的晚明文人，他們判別雅俗的話語，與其說是在建構關於「長物」的審美體系，毋寧說是在以標榜文人審美趣味來完成文化的劃界和階層的區分。

035　張意：《文化與符號權力——布赫迪厄的文化社會學導論》，中國社會科學出版社2005年版，第126頁。

036　Pierre *Bourdieu, Outline of A Theory of Practice,* Cambridge：Cambridge University Press. 1977, p.188.

第二章　明清時期的設計美學

如前所述，伴隨商品經濟大潮而來的是來自新興商人與下層百姓的挑戰。明代中後期，傳統社會的「四民分業」漸趨模糊，士、農、工、商之間的界限淡化。隨著經濟形態的變化，在以江南為代表的商品經濟發達地區，不僅亦農亦工、亦農亦商的現象十分普遍，而且亦官亦商、賈而後儒的情況也很常見，農民、儒士、官宦、工商業者在經濟行為和文化行為上，呈現滲透和融合的趨勢。士人在經濟行為上趨向工商業者，以商人為代表的社會各階層卻在文化上追隨文人雅士。文人引以為雅的文化行為、生活習慣、居室布置、服飾裝束被模仿、傳播，成為流行的時尚。士大夫們發現，在商品化帶來的奢靡之風日益侵蝕傳統社會結構的趨勢下，從衣冠服飾到家具器用、從飲食風尚到園林居處，以前他們所獨享的物質生活風格，正在全面的被市井百姓所仿效。傳統社會中的等級制度和身分邊界漸趨模糊，文人迫切需要重新確立與庶民相區分的等級性身分認同標誌，唯有更積極的建構和鼓吹自己的風格體系。

法國社會學家皮耶・布赫迪厄關於文化的政治經濟學分析，尤其是其中闡述的建構階層的習性（habitus）和趣味（taste）的理論，對此頗具啟示。在《秀異：品味判斷的社會批判》（*Distinction：A social Critique of the Judgement of Taste*）一書中，布赫迪厄將代表社會空間區隔的階層劃分與習性、趣味等連結起來，認為趣味不僅只和形式、風格、樣態相關聯，還關涉了豐富的社會內容，是階層的標誌。他說：「趣味是對分配的實

際控制，它使人們有可能感覺或直覺一個在社會空間中占據某一特定位置的個體，可能（或不可能）遭遇什麼，因而適合什麼。它發揮一種社會取向的作用。」[037] 既然人們能夠透過趣味及相關的某種生活方式獲得自身的位置感和身分感，那麼，趣味作為文化習性的一種表現，它實際上產生了分割和聚集特定人群、反映階層差異的作用。即「社會主體由於其所屬的類別而被分類，因他們自己所製造的區隔區別了自身，如區別為美和醜、雅和俗。在這些區隔中，他們在客觀區分之中所處的位置，被明白表達或暗暗洩露出來」[038]。在《長物志》中，作者在對美術品特徵不厭其煩的描述和評價後界定的「雅」的風格特徵，就是為文人階層塑造趣味範式，從而使文化菁英的身分不言自明。在作者不容置疑的話語中，審美趣味的雅俗之別，已然作為一種凸顯階層差異的工具，將相異的趣味排斥在本階層之外。可以說，透過對美術品進行分類，作者也完成了對自己的分類。從這個視角審視《長物志》意圖重新劃分的晚明社會，既非國家典章之下的等級森嚴，也非消費膨脹背後的等級僭妄，而是以審美趣味和生活方式為中心的軟性的等級區分。

其實，展現為鑑賞能力和審美取向的趣味，所倚重的最終是文人所具備的知識和修養。沈春澤為《長物志》作序時寫道：

037　Pierre Bourdieu, *Distinction : a social critique of the judgment of taste.* Harvard University Press, Cambridge, Massachusetts, 1984, p.466.

038　朱偉珏：〈象徵差異與權力：試論布赫迪厄的象徵支配理論〉，《社會》2008年第3期。

「近來富貴家兒與一二庸奴、鈍漢，沾沾以好事自命，每經賞鑑，出口便俗，入手便粗，縱極其摩挲護持之情狀，其汙辱彌甚。」[039] 好事者囿於知識，往往不經意流露出品味匱乏的窘態。言下之意是說，即使新富階層有財力消費和追隨效仿，仍不可能跨越知識和修養的鴻溝，與文人具有同等地位。因而，這種被布赫迪厄稱之為「文化資本」的知識和修養，是文化支配階層得以將其他階層排斥在外的利器。在晚明的經濟文化狀況使文人對文化僭越的憂慮日漸深重的陰影之下，《長物志》正是以一種排他性的表達方式來強調和確認文人的身分，從而重新獲得作為社會菁英的優越感。

第三節
美善相成、盡善盡美：設計的倫理批評

作為實用美術品，設計的價值評判比純藝術牽涉更多的要素，也更具複雜性。各類文獻顯示，明清時期的文人階層，除了對設計物的形式和審美闡發了具有文人特點的審美評價，還對實用美術品的設計、製作、流通、消費和使用中關涉的人、物與社會三方的價值，都給予了關注和評判。這些思想相對於形式和審美方面的評價，包含著更為豐富的社會資訊，是在特

---

039 [明] 沈春澤：〈《長物志》序〉，文震亨著，陳植校注：《長物志》，江蘇科學技術出版社 1984 年版，第 10 頁。

定時代的文化、技術和經濟背景下，全面審思設計物和設計現象所涉及的技術、倫理、消費和文化問題後的思想成果。而設計本身價值的實現，正是多方面要素協調的呈現，造物設計行為作為實踐方式，符合一定的規範和標準，實現其創造的目的性是具有倫理道德意義的，這是設計在倫理上表現其「善」的根本所在。

一、反對奢靡炫奇的造物用物風氣

以江南地區為代表的明清社會由於經濟上的富庶，在生活上日漸奢靡，追逐工巧、奢華甚至獵奇的造物和用物，一時成為風氣。所謂「衣服屋宇，窮極華靡；飲食器具，備求工巧；俳優伎樂，恆舞酣歌；宴會戲遊，殆無虛日；金錢珠貝，視為泥沙」[040]，江南地區驕奢淫逸的物質生活方式已相習成風。表現在造園和物質產品的設計、製作和消費上，有記載為證：「吾江南人斬竹而薪之，其為園亦必購求海外奇花石，或千錢買一石，百錢買一花，不自惜。」[041] 為造園買石購花，動輒百錢千錢。又有：「祭酒陳瓚，家東洞庭，資累鉅萬，造房廳事擬於宮殿。闢花園，廣百畝，壘石成山，極其巍峨。市一主峰，高丈

---

040 [明]沈春澤：〈《長物志》序〉，文震亨著，陳植校注：《長物志》，江蘇科學技術出版社 1984 年版，第 10 頁。

041 [明]沈春澤：〈《長物志》序〉，文震亨著，陳植校注：《長物志》，江蘇科學技術出版社 1984 年版，第 10 頁。

許，闊三丈，載以木筏，重弗能勝，沉太湖中。」[042] 陳瓚為園中購買一塊石頭作為「主峰」，規制竟有一丈高、三丈寬。更有甚者，如徐冏卿為自己造園：「在閶門外下塘，宏麗軒舉，前樓後廳，皆可醉客。石屏為周生時臣所堆，高三丈，闊可二十丈，玲瓏峭削，如一幅山水橫披畫，了無斷續痕跡，真妙手也。」[043] 園中的石屏有三丈高、二十丈寬，真乃巨制。除了造園的奢靡，時人置辦家具、器物和服飾也耗資不菲。李樂《見聞雜記》記道：「雲間吳某中鄉舉後遊南都，與一美妓相厚。語人曰：『吾若登第，當妾此妓。』果兩如其願云。此少年習心之常，不足為怪。榷稅蕪湖，囊橐既裕，治第太侈。製一臥床，費至一千餘金，不知何木料，何裝餙所成。」[044] 一張床耗費「一千餘金」，即使是在今天也可劃入奢侈品的行列了罷。更有「仕宦內人造珠冠者，用銀四百兩」甚至千金者，「珠靂鉅異常也」。[045] 時人不僅在用物觀念上一味追求奢華名貴，而且不惜一擲千金百般獵奇求趣。范濂記：「細木家伙，如書桌禪椅之類，余少年曾不一見，民間止用銀杏金漆方桌。自莫廷韓與顧、宋兩家公子，用細木數件，亦從吳門購之。隆萬以來，雖奴隸快甲之家，皆

---

042 [清] 潘永因：《續書堂明稗類鈔》卷十引《涇林續記》，轉引自謝國楨《明代社會經濟史料》下冊，福建人民出版社 1981 年版，第 352 頁。

043 [明] 袁宏道著，錢伯城箋校：〈園亭記略〉，《袁宏道集箋校》卷三，上海古籍出版社 2008 年版，第 180 頁。

044 [明] 李樂：《見聞雜記》卷三第 109 條，上海古籍出版社 1986 年版，第 242 頁。

045 [明] 李樂：《見聞雜記》卷十第 63 條，上海古籍出版社 1986 年版，第 849—850 頁。

用細器，而徽之小木匠，爭列肆於郡治中，即嫁妝雜器，俱屬之矣。紈褲豪奢，又以椐木不足貴，凡床櫥几桌，皆用花梨、癭木、烏木、相思木與黃楊木，極其貴巧，動費萬錢，亦俗之一靡也。尤可怪者，如皂快偶得居止，即整一小憩，以木板裝鋪，庭蓄盆魚雜卉，內則細桌拂塵，號稱『書房』，竟不知皂快所讀何書也。」[046] 細木家具從權富之門走入尋常百姓家，富侈者又競相獵取更為珍稀的用料。時人競奢炫奇的心態在服飾上的反映更為直接，在各地方志中有許多記載。嘉靖年間的《山西通志》記當時「婦人白髻而妖服，不蠶不織，而習於告窬」[047]，萬曆《杭州府志》說「服舍僭擬於王公，婦人妖豔得為后飾」（萬曆《杭州府志》卷十九〈風俗〉），服飾裝扮之妖豔奇麗日甚一日，富貴家「縱容僕隸亦僭巾履，新巧屢更，珍錯珍奇」（崇禎《烏程縣志》卷四〈風俗〉）。

明初對於服裝的色彩和用料有著嚴格的限定，如士庶禁用黃色、民婦禁用大紅和金繡的錦羅絲緞；但到了晚明，小康之家「非繡衣大紅不服」，大戶家的婢女甚至也「非大紅裹衣不華」。[048] 為求奇求麗，一般家庭婦女竟會去模仿妓女的服飾及打扮，袁中道記：「陳姬，字雪箏，少墮紅緣，色藝皆絕。都中

---

046 [明] 范濂：《雲間據目抄》卷二〈記風俗〉，《筆記小說大觀》第 13 冊，江蘇廣陵古籍刻印社 1983 年版，第 110 頁。

047 [明] 周斯盛等：《山西通志》卷四十六〈風俗〉，嘉靖四十二年刊本，第 504 頁。

048 [清] 葉夢珠：《閱世編》卷八，中華書局 2007 年版，第 201 頁。

時態，新妝多出其手，合度中節，士女皆效。」[049] 甚至讀書人也不甘落後，求新求異，竟有內衣外穿、男著女衣者。有記載為證：「二十年來，東南郡邑，凡生員讀書人家，有力者盡為女人紅紫之服，外披內衣，姑不論也。余對湖州太守陳公幼學曰：近日老朽改得古詩一首。太守曰：願聞。余曰：昨日到城郭，歸來淚滿襟。遍身女衣者，盡是讀書人。」[050]「男為女飾、女為道裝」，乃至「伎女露髻巾網，全同男子；衿庶短衣修裙，遙疑婦人」[051]，傳統的衣冠制度已一派混亂。

　　明清奢靡炫奇的造物用物風氣，引起了一部分人的反思，設計物自身的倫理功能和所承載的禮制意義，也得到了批評家的重新思考。禮制傳統是長期控制中國社會造物用物行為的基本觀念，凡房舍家具、車馬乘騎、衣冠服飾、日用器物的質料、樣式、形制、色彩，都受到禮制約束而有嚴格的等級差別。造物用物的奢靡風氣直接的瓦解了中國社會的禮制傳統，使尊卑貴賤不復可辨。因而，一些批評家對競奢炫奇的逾禮越矩行為提出了疑問，並對世道澆薄、倫教蕩然的社會表達了憂慮。如顧起元說道：

---

049 [明] 袁中道：〈書雪箏冊後〉，《珂雪齋集》卷 21，上海古籍出版社 1989 年版，第 895 頁。

050 [明] 李樂：《見聞雜記》卷十第 29 條，上海古籍出版社 1986 年版，第 817 頁。

051 [清] 順治：《祥符縣志》，《稀見中國地方志彙刊》34 冊卷一「風俗」，中國書店 1992 年版，第 1 頁。

服舍違式，婚宴無節，白屋之家，侈僭無忌。是以用度日益華靡，物力日益耗蠹。[052]

這是批評家從浪費財力物力的角度提出的批判。何瑭也道：

自國初至今百六十年，承平既久，風俗日侈。起自貴近之臣，延及富豪之民，一切皆以奢侈相尚，一宮室臺榭之費，至用銀數百兩；一衣服燕享之費，至用銀數十兩；車馬器用，務極華靡。財有餘者，以此相誇，財不足者亦相仿效。上下之分，蕩然不知。[053]

奢靡無節的風氣一方面消耗社會財富，另一方面也違僭傳統禮制，是批評家擔憂的主要原因。「殊不知風俗奢僭，不止耗民之財，且可亂民之志。」[054]如張瀚道：

自昔吳俗習奢華，樂奇異，人情皆觀赴焉。吳製服而華，以為非是弗文也；吳製器而美，以為非是弗珍也。四方重吳服，而吳益工於服；四方貴吳器，而吳益工於器。是吳俗之侈者愈侈，而四方之觀赴於吳者，又安能挽而之儉也。蓋人情自儉而趨於奢也易，自奢而返之儉也難。今以浮靡之後，而欲回樸茂之初，胡可得也？[055]

---

052 [明] 顧起元：《客座贅語》卷七〈俗侈〉，中華書局 1987 年版，第 231 頁。
053 [明] 何瑭：〈民財空虛之弊議〉，《明經世文編》卷一四四，中華書局 1962 年版，第 1440 頁。
054 [明] 何瑭：〈民財空虛之弊議〉，《明經世文編》卷一四四，中華書局 1962 年版，第 1440 頁。
055 [明] 陳洪謨、張瀚著，盛冬鈴點校：《松窗夢語》卷四，《治世餘聞、繼世紀聞、松窗夢語——元明史料筆記叢刊》，中華書局 1985 年版，第 79 頁。

第二章　明清時期的設計美學

　　吳俗的奢華和四方的追捧互相促動，浮靡之風日高一日。俗話說，由儉入奢易，由奢入儉難，批評家憂慮的發問，若要回到「樸茂之初」，該怎麼做呢？批評家開始反思俗眾過度消耗物質財富的用物行為，憂慮儉樸的物質生活風氣已難再返。李漁在《閒情偶寄》開篇即明確其著述的「四期三戒」，其「四期」為：一期點綴太平；一期崇尚儉樸；一期規正風俗；一期警惕人心。「四期」說明了批評家希望自身言論能夠對社會現實產生一定的規正和約束的作用。因此，我們看到李漁對造園與造物中的形制僭越，和奢侈炫奇的現象的批評言論，是所有晚明文人批評家中最多的。如，他曾對婦女鞋襪亂用龍鳳紋樣的裝飾提出批評：

> 　　鳳為羽蟲之長，與龍比肩，乃帝王飾衣飾器之物也，以之飾足，無乃大褻名器乎？嘗見婦人繡襪，每作龍鳳之形，皆昧理僭分之大者，不可不為拈破。[056]

他曾對「吳門新式」服裝頗有微詞：

> 　　有所謂月華裙者，一襇之中，五色俱備，猶皎月之觀光華也，予獨怪而不取。人工物料，十倍常裙，暴殄天物，不待言矣，而又不甚美觀。[057]

---

056 [清] 李漁：《閒情偶寄·聲容部》，《李漁全集》，浙江古籍出版社 1991 年版，第 139 頁。

057 [清] 李漁：《閒情偶寄·聲容部》，《李漁全集》，浙江古籍出版社 1991 年版，第 137 頁。

　　他認為，奢侈設計帶來物質財富的消耗自不待言，卻也並不美觀，暴殄天物而製成的奢侈服飾實為蠹物。於是，文震亨就提醒文人士大夫在衣冠上不能追從俗眾的侈靡，他說：

> 吾儕既不能披鶉帶索，又不當綴玉垂珠，要須夏葛冬裘，被服嫻雅。居城市有儒者之風，入山林有隱逸之象。若徒染五彩，飾文繢，與銅山金穴之子侈靡鬥麗，亦豈詩人粲粲衣服之旨乎？[058]

　　文震亨對服裝的質料、色彩和裝飾都提出了獨到的見解。李漁對奢靡的造物現象所闡發的批評言論不僅數量最多，而且其批評思考的深度也更為深入。他在廣東遊歷，於市場上見到一些做工極精、堆砌裝飾的「箱籠篋笥」，遂論道：

> 予遊東粵，見市廛所列之器，半屬花梨、紫檀，製法之佳，可謂窮工極巧，止怪其鑲銅裹錫，清濁不倫。[059]

　　這些器物在設計上沒有審美風格的高雅追求，也沒有禮制的約束，只是一味選用名貴的材料，並竭盡雕鏤畫繢之能事，以至於制度全無、不倫不類。在李漁看來，這些物品不僅空耗了物質材料，而且，作為一件物品，由於不能理清自身的文質關係，從根本上是失敗的。此外，日常生活中奢靡的造物用物

---

058 [明] 文震亨著，陳植校注：《長物志》卷九〈衣飾〉，江蘇科學技術出版社 1984 年版，第 325 頁。

059 [清] 李漁：《閒情偶寄·器玩部》，《李漁全集》，浙江古籍出版社 1991 年版，第 213 頁。

行為，往往出於炫耀財富的心態，這種行為還會對社會和個人產生不良的影響。王錡《寓圃雜記》曾記載過一個故事以勸誡時人，說到金陵有個叫張允懷的人，極好修飾，服飾用具皆極講究，一天夜晚獨自泛舟江上遊覽，並取出鍍金的銅酒器飲酒，不想卻被盜賊盯上，先將張允懷殺於江中，後取走其酒器。使用鍍金酒器本是虛誇財富，不想卻枉然斷送了自己的性命。謝肇淛也同樣認為銀質茶注不僅俗氣，「且誨盜矣」。過於炫耀財富，於人來講有觸發其偷盜犯罪之心的隱患，於己則不期然間惹來殺身之禍，客觀上造成了破壞社會倫理和秩序的作用，是不值得提倡的。何良俊曾對官至尚書卻生活相對儉樸的東江先生頗為稱道：

> 記得小時至東江家，見燕客常用六角銀杯。後東江身後，其家分析，諸孫行酒皆用瓦器。余問之，云：「東江止有銀杯二十四只，皆是此樣。次子伯庸分十二只，塚孫子龍分十二只，餘諸孫皆不及。」夫官至尚書，不可謂不尊，然酒器止此，亦可稱清白之風矣。[060]

東江先生官至尚書卻僅有二十四只銀杯傳家，相反，「近年以來，吾松士夫家所用酒器，唯清河、沛國最號精工。沛國以玉，清河以金。玉皆漢物，金必求良工訪古器儀式打造，極為精美。每一張燕，粲然眩目」。[061]

---

060 [明] 何良俊：《四友齋叢說》卷三十四，中華書局 1959 年版，第 315 頁。

061 [明] 何良俊：《四友齋叢說》卷三十四，中華書局 1959 年版，第 315 頁。

因此，他折中的認為應「得一二陶匏雜廁其間，少存古意，尤為盡善」[062]。李漁也認為：

> 酒具用金銀，猶妝奩之用珠翠，皆不得已而為之，非宴集時所應有也。富貴之家，犀則不妨常設，以其在珍寶之列，而無炫耀之形，猶仕宦之不飾觀瞻者。[063]

金銀質的酒具從本質上是不合適的，即使家有財力，最好也止於採用犀角製的酒具，因其既是較為珍貴的材質，又不至於像金銀器一樣有炫富之嫌。美國社會學家托斯丹·韋伯倫（Thorstein Veblen）曾提出「炫耀性消費」或稱「誇示性消費」的概念。他在著作《有閒階級論》（*The Theory of the Leisure Class*）中指出，新貴階層的「炫耀性消費」本身並不是一種沒有目的的浪費與揮霍，其根本動機在於透過誇富式炫耀，獲得社會其他階層的豔羨，提高其社會地位和聲望，從而獲得一種滿足感。然而，作者也指出，有閒階級無休止的追求消閒、享樂，已摧毀了健康社會賴以生存的道德基礎，炫耀性消費加重了社會的兩極分化，激化了社會矛盾。[064] 明清社會奢侈炫奇的造物用物之風，即是這種「炫耀性消費」的一種形式，這種不良

---

062 [明] 何良俊：《四友齋叢說》卷三十四，中華書局 1959 年版，第 315 頁。

063 [清] 李漁：《閒情偶寄·器玩部》，《李漁全集》，浙江古籍出版社 1991 年版，第 223 頁。

064 參考 [美] 托斯丹·韋伯倫著，蔡受百譯：《有閒階級論——關於制度的經濟研究》，商務印書館 1997 年版。

的現象引起了批評家的深切關注。他們意識到這種「炫耀性消費」，已使設計物被異化而走向社會和人的反面，以至於引發一系列的社會問題。於是，李漁提出了「創立新制，最忌導人以奢」的對於造物設計的勸誡之詞：

> 創立新制，最忌導人以奢。奢則貧者難行，而使富貴之家日流於侈，是敗壞風俗之書，非扶持名教之書也。[065]

又說：

> 凡人制物，務使人人可備，家家可用，始為布帛菽粟之才，不則售冕旒而沽玉食，難乎其為購者矣。故予所言，務捨高遠而求卑近。[066]

李漁試圖使造物設計發揮積極的倫理功能，透過設計來調控、推動社會公正，具有相當進步的意義。

對奢侈炫奇的設計物品的負面影響有了充分認知後，批評家開始對造物設計提出理性的、建設性的意見。物質產品既可以是滿足生活所需的必需品，也可以是炫耀身分的奢侈品，批評家敏銳的發現了當時社會所催生的這一類以過分奢侈、過度裝飾和炫奇爭勝為特點的物品，並將之命為「物妖」。王士性曰：

---

065 [清] 李漁：《閒情偶寄》，《李漁全集》，浙江古籍出版社 1991 年版，第 1 頁。
066 [清] 李漁：《閒情偶寄・器玩部》，《李漁全集》，浙江古籍出版社 1991 年版，第 202 頁。

第三節 美善相成、盡善盡美：設計的倫理批評

> 寸竹片石，摩弄成物，動輒千文百緡，如陸于匡之玉
> 馬，小官之扇，趙良璧之鍛，得者競賽，咸不論錢，幾成物
> 妖，亦為俗蠹。[067]

的確，這是一個產生「物妖」和「奇技淫巧」的時代[068]，批評家也已隱隱感覺到了這種造物之風，對社會的潛在危害在不斷擴大。如對時人的奇裝異服，就有「服妖」之說。[069] 服飾以外，各種物品都可能窮工極巧以致落入惡道。沈德符曾記：

> 今吳中摺扇，凡紫檀、象牙、烏木者，俱目為俗制，惟以
> 棕竹、毛竹為之者，稱懷袖雅物，其面重金，亦不足貴，惟骨
> 為時所尚。往時名手有馬勳、馬福、劉永暉之屬，其值數銖。
> 近年則有沈少樓、柳玉臺，價遂至一金，而蔣蘇臺同時，尤稱
> 絕技。一柄至值三四金，冶兒爭購，如大骨董，然亦扇妖也。[070]

此「扇妖」當是「物妖」典型代表之一。縱使巧妙的設計和精工的技藝能使物品增值，然而，如摺扇一般的小件物品卻過分昂貴，並且遍求不得，實在是令人匪夷所思。因此，陳繼儒說：

---

067 [明] 王士性著，周振鶴點校：《五岳遊草》，《廣志繹》卷二，中華書局 2006 年版，第 220 頁。

068 陳寶良：〈新名詞與新生活：晚明社會生活的「活力」與「多樣性」〉，《文史精華》2004 年第 4 期。

069 《尚書大傳·洪範五行傳》說：「貌之不恭，是謂不肅，厥咎狂，厥罰恆雨，厥極惡。時則有服妖。」「服妖」，簡言之就是奇裝異服。《漢書·五行志》謂：「風俗狂慢，變節易度，則為剽輕奇怪之服，故有服妖。」奇裝異服的「服妖」現象是一個社會處於急劇變化中的特徵和表象。

070 [明] 沈德符：《萬曆野獲編》卷二十六〈玩具〉，中華書局 1959 年版，第 663 頁。

第二章　明清時期的設計美學

> 清事不可著跡，若衣冠必求奇古，器用必求精良，飲食
> 必求異巧，此乃清中之濁，吾以為清事之一蠹。[071]

講究生活上的情調和品味本為清雅之事，應該是自然而非刻意。然而，面對時人過分執著於妖物，身為名士的陳繼儒也感到其實為俗蠹。「文」與「質」代表著設計物的表裡兩個方面，一者為形式，一者為功能。「文」與「質」的關係是造物設計之事必須協調處理好的外在與本質關係。批評家敏銳的意識到了當時造物設計的不良傾向，並對走向反面的「物妖」提出了質疑。如高濂曾批評過一種仿製「百衲琴」製作的「寶琴」：

> 今仿製者，以龜紋錦片，錯以玳瑁、象牙、香料、雜
> 木，嵌骨為紋，鋪滿琴體，名曰「寶琴」。與廣中、滇南蜎
> 嵌琵琶何異？更可笑也。
> 近有銅琴、石琴、紫檀、烏木者，皆失琴旨，雖美何
> 取？[072]

遍體滿飾各種珍貴裝飾材料的琴，雖然看起來美輪美奐，但卻使古琴喪失了作為一種高雅樂器的本質內涵，是不可取的。又如李漁論「箋簡」：

> 箋簡之制，由古及今，不知幾千萬變。自人物器玩，以

---

071 [明] 陳繼儒：《小窗幽記》卷五，上海古籍出版社 2000 年版，第 75 頁。

072 [明] 高濂編撰，王大淳校點：《遵生八箋》，《燕閒清賞箋》，巴蜀書社 1992 年版，第 634 頁。

第三節　美善相成、盡善盡美：設計的倫理批評

迨花鳥昆蟲，無一不肖其形，無日不新其式；人心之巧，技藝之工，至此極矣。予謂巧則誠巧，工則至工，但其構思落筆之初，未免馳高騖遠，捨最近者不思，而遍索於九天之上、八極之內，遂使光燦陸離者總成贅物，與書牘之本事無干。[073]

服務於書寫乃箋紙的功能，略加合理合度的裝飾固然有助美觀，然而在明清時期各式箋紙卻層出不窮，光怪陸離以至於與案頭書寫無甚關係了。箋紙裝飾無度的最初誘因，可能來自當時官府公文用紙的過分講究，又或者是，公文用紙的競奢競靡給予了箋紙設計一個不良的生長空間。郎瑛《七修類稿》就有記載：

予少年見公卿刺紙，不過今之白錄紙二寸，間有一二蘇箋，可謂異矣。而書束折拍，亦不過一二寸耳。今之用紙，非表白錄羅紋箋，則大紅銷金紙，長有五尺，闊過五寸，更用一綿紙封袋遞送，上下通行，否則謂之不敬。嗚呼！一拜帖五字，而用紙當三厘之價，可謂暴殄天物，奢亦極矣。[074]

一味求精求麗的箋紙設計是不斷發展的印刷技術的產物。萬曆年間，伴隨著餖版和拱花技術的發展，木板浮水印箋紙開始流行。除傳統的彩色粉箋、蠟箋、黃箋、羅紋箋外，大量「花

073　[清] 李漁：《閒情偶寄·器玩部》，《李漁全集》，浙江古籍出版社 1991 年版，第228 頁。

074　[明] 郎瑛：《七修類稿》卷十七〈義理類〉，上海書店出版社 2001 年版，第172—173 頁。

箋」問世。明代吳發祥刻的《蘿軒變古箋譜》和胡正言的《十竹齋箋譜》，所畫清供、博古、山水、花鳥、人物、歷史故事等，極其精緻典麗。這兩部箋譜均用套色木刻浮水印，並在印刷史上率先採用「拱花」技術。清人繆荃孫《雲自在龕隨筆》中引明末孫燕貽的話，說萬曆二十九、三十年間，「多新安人貿易於白門，遂名箋簡，加以藻繪。始而打蠟，繼而揩花，再而五彩，此家欲窮工極妍，他戶即爭奇競巧，互相角勝，則花卉鳥獸，又進而山水人物，甚至天文、象緯、服物、彩章，以及鼎彝珍玩，窮極荒唐幽怪，無不搜剔殆盡，以為新奇，月異而歲不同，無非炫耳目以求售」[075]。為求奇趣而好高騖遠、捨近求遠的遍尋新式的設計，雖能以其光怪陸離而一時炫人耳目，但在文質關係上，卻因偏離了物品應有的軌道而流於庸贅。因而，簡樸自然而不失韻味的設計最受批評家所讚頌：

> 一丘一壑，貴其樸也；一軒一樓，尚其簡也；一書一畫，取其韻也；一床一几一瓶一爐，愛其適用於我也。[076]

簡樸的設計往往還原事物的本質，也更加能貼近日常生活。批評家深刻的意識到，設計如果要使物品脫離軌道走向自身的反面，甚至對社會帶來負面的影響，其價值必當受到拷問。

---

075 轉引自薛冰：《片紙聞墨》，百花文藝出版社 2010 年版，第 7 頁。

076 [明] 夏基：《隱居放言》，[清] 吳熾昌：《客窗閒話·問泊庵》，臺北：漢學研究中心景照清康熙卅二年刊本。

二、強調致用的功能設計

　　功能設計的評判標準，是從實用性角度對設計價值的評判標準，實際上就是以滿足功利目的來要求設計，促使設計實現其社會價值。人對物質世界改造的目的是利生，設計和製作的物品能否更好的在功能上滿足人的使用需求，就是必要的考慮。明清時期的設計思想中有著較為集中的內容，對設計物功能上滿足人的使用需求進行探討和強調。

　　強調致用的功能設計，這種設計思想在明清甚為普遍。如將之轉換為西方現代設計觀念的表達，即是在探討「功能」與「形式」的關係，對此，李漁在論「窗欄」設計時就說：「窗櫺以明透為先，欄杆以玲瓏為主，然此皆屬第二義。具首重者，止在一字之堅，堅而後論工拙。嘗有窮工極巧以求盡善，乃不逾時而失頭墮趾，反類畫虎未成者，計其新而不計其舊也。」[077] 在未解決功能這一首要問題之前，窮工極巧的雕鏤，即會令設計失卻其本質意義。此說頗類似於美國芝加哥學派建築師路易斯·蘇利文 (Louis Henri Sullivan) 的「形式追隨功能」之說。又有謝肇淛論茶盞：「今景德鎮所造小壇盞，仿大醮壇為之者，白而堅厚，最宜注茶。建安黑窯，間有藏者，時作紅碧色，但免俗爾，未當於用也。」[078] 景德鎮所造小壇盞因「白而堅厚」，

---

077 [清] 李漁：《閒情偶寄·器玩部》,《李漁全集》,浙江古籍出版社 1991 年版,第 164 頁。

078 [清] 李漁：《閒情偶寄·器玩部》,《李漁全集》,浙江古籍出版社 1991 年版,第 164 頁。

用作茶具較之黑盞更為適宜，這也是功能上的考慮。而茶壺的大小形制，則是：「茶壺以小為貴，每一客，壺一把，任其自斟自飲，方為得趣。何也？壺小則香不渙散，味不耽遲，況茶中香味，不先不後，只有一時。太早則未足，太遲則已過。」[079] 形制設計的目的，是為了更好的保存和散發茶香。出於功能考慮，關鍵性的細節設計尤為講究：「凡製茗壺，其嘴務直，購者亦然，一曲便可憂，再曲則稱棄物矣。蓋貯茶之物與貯酒不同，酒無渣滓，一斟即出，其嘴之曲直可以不論；茶則有體之物也，星星之葉，入水即成大片，斟瀉之時，纖毫入嘴，則塞而不流。啜茗快事，斟之不出，大覺悶人。直則保無是患矣，即有時閉塞，亦可疏通，不似武夷九曲之難力導也。」[080] 壺嘴設計本是細節，但酒壺與茶壺，其壺嘴的「曲」與「直」各有標準。

除了這些日用器皿，家居、出遊用具的一些巧妙的功能設計，也受到讚揚。高濂曾說到「倚床」：「高一尺二寸，長六尺五寸，用藤竹編之，勿用板，輕則童子易抬，上置倚圈靠背如鏡架，後有撐放活動，以適高低。如醉臥、偃仰觀書並花下臥賞，俱妙。」[081] 高氏對藤床的大小尺寸、用材和結構作了詳細

---

079 [明] 馮可賓：《岕茶箋》，[清] 楊復吉編：《昭代叢書·辛集別編五十卷》，吳江沈懋真世楷堂藏版，道光七年沈懋真世楷堂刊，光緒二年重印本。

080 [明] 馮可賓：《岕茶箋》，[清] 楊復吉編：《昭代叢書·辛集別編五十卷》，吳江沈懋真世楷堂藏版，道光七年沈懋真世楷堂刊，光緒二年重印本。

081 [明] 馮可賓：《岕茶箋》，[清] 楊復吉編：《昭代叢書·辛集別編五十卷》，吳江沈懋真世楷堂藏版，道光七年沈懋真世楷堂刊，光緒二年重印本。

的描述，尤其是藤床靠背高低可調的功能設計受到其欣賞，終以其適宜於「醉臥、偃仰觀書並花下臥賞」而判為「妙」。屠隆講到「疊桌」：「疊桌，二張。一張高一尺六寸，長三尺二寸，闊二尺四寸，作二面折腳活法，展則成桌，疊則成匣，以便攜帶，席地用此抬合，以供酬酢。其小几一張，同上疊式，高一尺四寸，長一尺二寸，闊八寸，以水磨楠木為之，置之坐外，列爐焚香，置瓶插花，以供清賞。」[082] 大小兩張「展則成桌，疊則成匣」的桌子，居家出遊皆取用方便，實為一種便捷的功能設計。又如，他認為「琴室」的設計和建造：「宜實不宜虛，最宜重樓之下。蓋上有樓板，則聲不散；其下空曠，則聲透徹。若高堂大廈，則聲散漫；斗室小軒，則聲不散。如平屋中，則於地下埋一大缸，缸中懸銅鐘，上用板鋪，亦可。」[083] 琴室作為一種對聲音傳播要求較高的功能性空間，其設計原則是要相對低矮封閉。雖然其提出這個設計原則只是從經驗而來，而缺乏科學解釋，但其結論和建議無疑是正確的。

　　設計物的功能設計良好，能夠滿足人的需求，是設計在倫理上展現其「善」的根本所在。正如朱光潛先生在《西方美學史》中分析認為：「一件東西是美是醜，要看它的效用；效用好壞，又要看用者的立場。」他還引用前蘇聯美學史家阿斯木斯評

---

082 [明] 馮可賓：《岕茶箋》，[清] 楊復吉編：《昭代叢書・辛集別編五十卷》，吳江沈懋真世楷堂藏版，道光七年沈懋真世楷堂刊，光緒二年重印本。
083 [明] 屠隆：《考槃餘事》，浙江人民美術出版社 2011 年版，第 264 頁。

論蘇格拉底時說，「美不是事物的一種絕對屬性，不是只屬於事物，既不依存於它的用途，也不依存於它對事物關係的那種屬性。美不能離開目的性，即不能離開事物在顯得有價值時它所處的關係，不能離開事物對實現人願望它要達到的目的的適宜性」。蘇格拉底關於美與功用的觀念隱含著「美是價值」的觀點，美和善可以統一在功用的基礎上。他說：「凡是我們用的東西如果被認為是美的和善的，那就都是從一個觀點 —— 它們的功用去看的。」[084] 功用是美善統一的基礎，致用的功能設計也就是判斷事物美善的標準。因此，「任何一件東西如果它能很好的實現它在功能方面的目的，它就同時是善的又是美的，否則它就同時是惡的又是醜的」。[085] 前文引述的明清設計思想，對設計物提出體舒神怡、形神兼養的適用訴求，正是這種價值標準的表現。

　　而在儒家思想中，荀子「美善相樂」的觀點，孔子「盡善盡美」的理想，也都從不同程度，闡明了「美」與「善」在設計中可能的關係。《荀子·樂論》有：「故樂行而志清，禮修而行成，耳目聰明，血氣和平，移風易俗，天下皆寧，美善相樂。」闡述了禮樂文明下，「美」與「善」的和諧統一。子謂《韶》：「盡美矣，又盡善也。」謂《武》：「盡美矣，未盡善也。」（《論語·

---

084 ［明］屠隆：《考槃餘事》，浙江人民美術出版社 2011 年版，第 264 頁。
085 ［明］屠隆：《考槃餘事》，浙江人民美術出版社 2011 年版，第 264 頁。

八佾》）是孔子透過詩樂來論述藝術的形式與內容的關係，認為理想的藝術應該是美善統一、盡善盡美的。千百年來，儒家思想透過社會生活的各個層面，使中國人浸潤在強大的倫理文化環境中，其名教綱常，即使對普通人的觀念也有深刻影響，更不用說其文化核心對設計思想的影響了。對於實用美術品，因其「致用」目的，必然涉及與人的密切關聯，其「功能」與「形式」的關係也就是永恆的話題。實用美術品設計的要素，始終是不同質的矛盾的兩極，即功能與形式、物質與精神。在明清設計思想中，具有儒家特點的執中、不偏的行事準則，就透過功能設計的強調，將「美」與「善」的關係表達為一種相輔相成、互相統一的狀態。然而也不得不承認，明清設計思想中所宣揚的「盡善盡美」，不可避免的帶有由批評主體自身社會地位和階層所決定的狹隘性。如明清筆記小說中，有許多對女子「三寸金蓮」的描繪與讚美。甚至李漁也提到，合適的鞋襪可以強調腳的小巧，達到裝飾和襯托「三寸金蓮」的目的。他說：「鞋用高底，使小者愈小，瘦者愈瘦，可謂制之盡美又盡善者矣。」[086] 這裡的「善」，顯然是封建觀念和父權思想下的「善」，在今天看來是一種狹隘的倫理觀，但也是當時人們認知水準的真實反映。

---

086 [清] 李漁：《閒情偶寄・聲容部》，《李漁全集》，浙江古籍出版社 1991 年版，第137 頁。

第四節
物性比德、物情有寄：設計的修辭世界

　　自人類造物活動的初始，其所創造的物品就不僅僅是簡單的物質功能載體，同時還具有進行思維、精神交流的功能。從某種意義上說，物品具有與語言一樣的屬性。其雖誕生於物質生活上的需求，但旋即成為一種連結創造者與使用者乃至社會的媒介。當物品成為一種媒介，造物設計的語言就凸顯出它的價值，設計語言中的修辭，也就成為必須被關注的對象。法國社會學家、哲學家尚・布希亞（Jean Baudrillard）在其《符號政治經濟學批判》中指出，從使用價值的角度或者說功能性角度，來理解物品是經驗主義的錯誤行為：「現實的證據支持了這種假設……物最初只是一種滿足需求的功能，並且只有在人與環境所形成的經濟關係中才具有意義……這種經驗主義的假設是錯誤的。物不僅是一種實用的東西，它具有一種符號的社會價值，正是這種符號的交換價值才是更為根本的。」[087] 德國哲學家凱西爾（Ernst Cassirer）指出，人是符號的動物，文化是符號的形式，人類活動本質上是一種「符號」或「象徵」活動，在此過程中，人建立起人之為人的「主體性」，並構成一個文化世界。於是，社會中設計的參與者和影響者，運用形式要素或其

---

087 [法] 讓・鮑德里亞（Jean Baudrillard）著，夏瑩譯：《符號政治經濟學批判》，
　　南京大學出版社 2009 年版，第 2 頁。

他相關設計要素及其組合以營造意境、表述觀念、引發情感、尋求使用者的理解和認同，進而促成物品成為「意義的載體」，成為其自覺運用的手法。在明清造物設計中，這種修辭手法的運用已臻於成熟，並在某些設計領域固化為一種模式。

一、象徵之物

　　前文在對明代文震亨的著作《長物志》作分析和闡釋時，已經述及過相關問題。大意是，中晚明文人因面臨日漸邊緣化的社會地位，和確認文化身分的焦慮感，遂以對物質產品及其設計的審美好惡來表達態度、確證自我。《長物志》只是中晚明文人設計審美評判有代表性的文本之一，並不是孤例。事實上，這種言行在中晚明甚為普遍，文人不僅努力在自己與大眾之間明確區隔，以顯示菁英地位，甚至在團體內部也極力區分高下，以標榜「名士」身分。為標示自身的形象和品格，言談舉止固然重要，更具有說服力的是利用符號化的物品，或將物品符號化，取用於日常生活中為自身代言。倘如羅蘭‧巴特（Roland Barthes）所說，符號是工藝和意義被編織在一起的組織單位，那麼，明清文人就是這種符號意義積極的翻譯者和轉述者，透過物品的符號性，來實現其自身非世俗生活層面上意義。布希亞認為，當代社會是一個由「物」系統構成的消費社會，在這個社會中，「物」成為社會生活的中心，塑造著消費行為與文化心理。因此，「物」的消費具有特殊意義：人只有透過對「物」的消費，才能

第二章　明清時期的設計美學

進入其所象徵的社會意義系統，才能被整合進社會 ——「物」成為人與社會的仲介。具有早期現代化特徵的明清社會，在物品的消費上，即初步具有了消費社會的主要特徵。因而，明清社會生活中的物品，也必須理解為是具有象徵價值的。

明清造物設計將物品符號化的過程，是透過運用比喻、類比、擬人、聯想、用典等修辭手法，在意義與物品之間加強連結的過程。譬如，梅、蘭、竹、菊「四君子」，長期以來被文人所歌詠和描繪，成為文人藝術中出現頻率最高的母題，皆因為其生物習性、外觀特徵和歷史典故等的比擬和聯想，賦予其人格化的意義。又如，明代玉器中有一件名器「雙管式青玉筆插」，其形制為竹節及桃樁相連式，竹節略高，內空，其外有桃枝、桃葉及果實，一桃枝伸展，連於竹節之上，桃樁下部飾蘭花之花葉。此物是文房用品，管內可插筆或其他物品，其設計取竹、桃、蘭、芝之形，以象徵君子之德。張岱曾以擬人的思維方式，將自然景物作過一系列的評點：「余謂西湖如名妓，人人得而媟褻之；鑑湖如閨秀，可欽而不可狎；湘湖如處子，眠姫羞澀，猶及見其未嫁時也。此是定評，確不可易。」[088] 袁宏道也比道：「虎丘如冶女豔妝，掩映簾箔；上方如披褐道士，豐神特秀。」[089] 景觀的物理性差異，發展成人格化的個性特徵，這

---

088 [明]張岱：《陶庵夢憶》卷五〈湘湖〉，上海古籍出版社 2001 年版，第 99 頁。
089 [明]袁宏道著，錢伯城箋校：〈錦帆集之二：遊記、雜書〉，《袁宏道集箋校》卷四，上海古籍出版社 2008 年版，第 159 頁。

意味著鑑賞者的好惡取捨，也標示著社會化的意義。文震亨說：「牡丹稱花王，芍藥稱花相，俱花中貴裔。栽植賞玩，不可毫涉酸氣。」「玉蘭，宜種廳事前。……別有一種紫者，名木筆，不堪與玉蘭作婢。」「桃花如麗姝，歌舞場中，定不可少。李如女道士，宜置煙霞泉石間。」[090] 各種花木由於生態習性、造型特點、命名含義的不同，分別與王、相、貴族、婢女、麗姝、道士直接對應，其鮮明的人格意義，用以寄託文人自身的情志。正如有人說，「中國人對於花木的喜好，除了重視其美化與物化作用外，還重視其姿態習性所引起的想像與意義，這也就是重格輕形的傳統想法」。[091] 寓意於物在中國有著深厚的文化傳統，植物的象徵尚且如此，為人所設計和製作的器物更被賦予了各種內涵。明代有一件玉鼇魚花插，形為一條張開嘴奮身向上的魚，取意「魚躍龍門」的典故，寓意寒窗苦讀的文士在科舉考試中「獨占鼇頭」。明清工匠受文人影響頗深，所用也正是文人喜用的文學化手法。「形而上者謂之道，形而下者謂之器」，「非器則道無所寓」，無論是標榜個性、寄託情志還是抒發理想，文人慣以各種修辭手法，將物品符號化為自身所需的象徵。甚至有時候，物品作為符號的象徵物的意義反而大過於實用。文震亨寫道：

---

090 [明] 文震亨著，陳植校注：《長物志》卷二〈花木〉，江蘇科學技術出版社 1984 年版，第 43—49 頁。

091 黃長美：《中國庭園與文人思想》，臺北：明文書局 1986 年版，第 155 頁。

　　　　琴為古樂，雖不能操，亦須壁懸一床。以古琴歷年既
久，漆光退盡，紋如梅花，黯如烏木，彈之聲不沉者為貴。
琴軫犀角、象牙者雅，以蚌珠為徽，不貴金玉。弦用白色柘
絲，古人雖有朱弦清越等語，不如素質有天然之妙。……掛
琴不可近風露日色，琴囊須以舊錦為之，軫上不可用紅綠流
蘇，抱琴勿橫。[092]

　　作為「嶧陽友」的古琴是文房必備之物，選其外觀古雅者
懸之壁上，可以為觀美、可以為風雅。黃圖珌也說：「琴之品
最高，琴之德最優。雖不能彈，亦必蓄於床頭，如淵明之不具
徽弦，得其趣也。」[093] 即使主人不懂彈奏，作為「符號式」的物
品也應該懸掛於壁上。此外，古錢幣可作為裝飾物掛在手杖柄
上，拂塵也被懸掛於書齋牆壁之上，幾乎一切帶有文化象徵意
味的物品，都被用於日常裝飾。

二、物體系

　　物質生活的各個方面雖則零散，但卻也是一個系統的代表
著意義與觀念的「物的體系」（The system of objects）。「物
既是符號元素，物的擺設，就是符號的排列。」[094] 符號本身之

---

092 [明] 文震亨著，陳植校注：《長物志》卷七〈器具〉，江蘇科學技術出版社 1984
　　年版，第 296 頁。

093 [清] 黃圖珌：《看山閣閒筆》，上海古籍出版社 2013 年版，第 171 頁。

094 毛文芳：《物·性別·觀看——明末清初文化書寫新探》，臺北：學生書局 2001 年
　　版，第 62 頁。

外，符號的排列也是具有象徵意義的。布希亞在其早期著作《物體系》中，曾從家具擺設入手分析了日常物用背後的社會與時代。其獨特的方法，對於解剖明清造物設計所建構的符號世界，也是一柄利器。布希亞寫道：

> 典型的布爾喬亞室內表達了父權體制：那便是飯廳和臥房所需的整套家具。所有的家具，功能各異，但卻能緊密的融合於整體中，分別以大餐櫥和大床為中心，環布散置。傾向在於聚積，占據空間和空間的密閉性。功能單一、無機動性、莊嚴巍然、層級標籤，每一個房間有其特定用途，配合家庭細胞的各種功能，更隱指一個人的概念，認為人是個別官能的平衡湊合。每件家具互別苗頭，相互緊靠，並參與一個道德秩序凌駕空間秩序的整體。它們環繞著一條軸線排列，這條軸線則穩固了操守行止的時序規律：家庭對它自身永久保持的象徵性的存在。在這個私人化空間裡，每一件家具、每一個房間，又在它各自的層次內化其功能，並穿戴其象徵尊榮 —— 如此，整座房子便圓滿完成家庭這個半封閉團體中的人際關係整合。[095]

這裡是說，雖然家具擺設看上去只是幾件物集中在一起，但實質上卻可以反映一個時代的家庭和社會結構。就如法國年鑑學派史學家費爾南・布勞岱爾（Fernand Braudel）說：「關鍵不在家具本身，而在於它們的布置是任意的還是不得不然的，在於

---

095 [法] 尚・布希亞著，林志明譯：《物體系》，上海人民出版社 2001 年版，第 15 頁。

第二章 明清時期的設計美學

一種氣氛和一種生活藝術。」[096] 在文中所述的家具擺置中，物的功能首先不在於其客觀的功用性，而在於它的象徵意義，即這種擺置展現的是人與人之間的關係，是道德體系的呈現。[097]

在任何一個社會，物體系都是由社會的上層和菁英階層來賦予其意義的。權力或知識的運作，都對物體系有決定性的作用。而更多時候，則是權力和知識相互交織轉化後的共同運作。在傳統社會形態發展到極致的明清時期，這個具有符號意義的「物體系」日益完整，排列更有內在秩序，也更加穩定：從庭園的遊廊、院落、山齋、圍牆、植物，到廳堂的茶几、座椅、空間劃分；從居室的床榻、桌椅、櫥櫃、几案，到陳設其間的鼎爐、琴劍、字畫、燈燭都可表現。筆者曾從設計類型學的角度，剖析過文震亨理想的書齋模式，也分析了《園冶》所建構的文人園林模式，並認為明清時期社會菁英階層已成功的建立了一套以文人審美理想和價值為中心的環境設計模式。[098] 的確，物的選取和布置，在某種程度上正在被文人所模式化。一個完整的「物的體系」，對文人自身有價值上的至高意義，它不僅是一種個人生活方式，而且是一種人生價值的象徵。小則

---

096 [法] 費爾南·布羅代爾（Fernand Braudel）著，顧良、施康強譯：《十五至十八世紀的物質文明、經濟和資本主義》第一卷，生活·讀書·新知三聯書店 1992 年版，第 360 頁。

097 仰海峰：〈消費社會的物像結構：鮑德里亞《物體系》解讀〉，《哲學門》2002 年第 2 期。

098 參見彭聖芳：《晚明設計批評的文人話語》，人民美術出版社 2019 年版，第 95 頁。

一爿書齋，大則一座園林，他們精心為自己建構著一個可以寄
託身心，具有終極價值象徵的符號。如錢謙益有「絳雲樓」：
「旁龕金石文字、宋刻書數萬卷，列三代、秦漢尊彝環璧之屬，
晉、唐、宋、元以來法書名畫，官哥、定州、宣成之瓷，端
溪、靈壁、大理之石，宣德之銅，果園廠髹器，充牣其中。」[099]
書卷、古畫、窯器、玉器、銅爐、漆器……在摩弄心儀的藏品
之中，主人所照見的自己是一個悠閒、細膩、博雅而又不失性
靈的名士。因此，與其說他們熱衷於構築物品的符號體系，毋
寧說是痴迷於建構自身形象的幻象。面對外界紛繁複雜的變化
和不盡如人意的遭際，以田園情結與放逐情懷為主的隱逸生
活，成了文人的選擇，他們大多數都竭力掙扎著為自己在巨變
的社會中，存留一塊小天地。無論為官為民，無論在廟堂在朝
市，都可隨遇而隱，書法繪畫、茶酒花木、園林山水、鐘鼎彝
器都成為文人得以寄託和隱身的居所。文人苦心經營的書齋或
園林，大多成為其價值的寄託和身心的歸所，具有一種符號的
意義。如文徵明的停雲館、玉磬山房，王世貞的小酉館、爾雅
樓，王世懋的寶觶齋等。甚至有如劉士龍作一篇〈烏有園記〉，
則因有感於滄桑變遷、他年園將不存，於是以想像與虛構來為
自己構築「紙上的園林」，以文字洋洋灑灑描述精神的歸宿……
以一爿書齋或一座園林作為人格與生命的寄寓，雖然有閒雅自

---

099 [清] 葉昌熾著，王欣夫補正：〈藏書紀事詩（附補正）〉，引顧苓《河東君傳》，
　　上海古籍出版社 1989 年版，第 341 頁。

得的一面，但作為整個時代大多數知識分子的選擇，終究還是讓人感到一種退化的可悲感。

重視造物設計的象徵價值，實際上是強調物用超越感官愉快，而達致其倫理內涵，它不僅是明清造物設計的主要觀念，也是長期左右著中國傳統造物設計的觀念。「器以藏禮」或「寓意於物」的傳統表現為傳統造物設計的造型、規模、尺度、色彩或紋飾，都傳達著特定的象徵意義和喻示一定的社會倫理。這種象徵性的追求，一方面賦予了傳統造物設計豐富的人文內涵，另一方面卻也常常使設計物淪為純粹的倫理道德觀念的展示，造成矯飾之態或物用功效的損害。中國傳統宮廷和文人工藝美術設計，發展到最後都不同程度的出現了這種傾向。

三、從「十二花神杯」看傳統器物裝飾的文學性修辭手法

最早流行於清代初年的「十二月令花神杯」，慣稱「十二花神杯」，因深受宮廷喜愛而成為清代官窯日用瓷器套具中的名品。康熙年間，景德鎮御器廠就曾為宮廷製作過五彩「十二花神杯」。隨後，雍正、乾隆、嘉慶、光緒年間，官窯和民窯也都有五彩或青花的「十二花神杯」出品，甚至到民國乃至現代，也有不少此紋飾題材的仿製。現今，北京故宮博物院、天津博物館、香港茶具文物館和民間都有單件或成套的傳世品。「十二花神杯」在清初的流行，反映了自晚明發展而來的器物裝飾的

文學性修辭手法，已自上而下的影響了其後的中國傳統造物設計。以下將詳述並析之。

（一）源於花神傳說的母題

　　「十二花神杯」整套 12 件，每件以應時的月令花卉為裝飾主題，並以花賦名，如水仙杯、桂花杯、牡丹杯等。「十二花神杯」的裝飾主題來自中國傳統的花神傳說。在古代，人們由於生產生活長期接觸自然界的植物花卉，逐漸形成了一系列以花為內容的傳說、民間故事、信仰和習俗。其中最廣為流傳的是，人們隨著對一些花卉的認識和熟知，發展到崇拜，並根據其不同特徵逐漸演化出花神。不同花卉各有其司花之神，司花之神大多連結著歷史和傳說中的人物及其故事。如二月杏花的花神，相傳是唐代貴妃楊玉環，其典故則是連結了楊玉環的身世。「安史之亂」中，馬嵬坡兵變時，唐玄宗李隆基應軍士之求殺楊貴妃，後將屍體掛在一棵杏樹上。在平亂之後，傳說唐玄宗派人取愛妃屍骨移葬時，見到片片雪白的杏花迎風而舞，場景淒美而可怖。唐玄宗回宮後，便立刻命道士尋找貴妃的魂魄，卻被告知貴妃已在仙山上司職二月杏花的花神了。平亂之後的故事情節多少帶有虛構的成分，但卻長期流傳於民間。將人物及其故事連結花卉的形態習性，賦予花卉以人格化的特點，是「十二花神」信仰的慣用手法。

第二章　明清時期的設計美學

「十二月令花神」是根據自然界季節時令，遴選了最典型的花神來代表一年中的十二個月。不過由於南北的氣候、物種存在一些差異，許多花卉不為南北共有，流傳的十二月令花卉也因地而異。江南流傳的從農曆正月至臘月的十二花神為：梅花、杏花、桃花、牡丹、石榴、蓮花、蜀葵、桂花、菊花、木芙蓉、山茶、水仙。而北方所流傳的正月、七月、十月和十一月月令花卉則稍有不同：正月為迎春花非梅花，七月為蘭花非蜀葵，十月為月季非木芙蓉、十一月為梅花非山茶。康熙年間所製的「十二花神杯」所用則是符合北方認知習慣和特點的。此外，俗傳每年農曆二月十五的「花朝」節慶是百花的生日：花神誕。明人田汝成的〈熙朝樂事〉就有記載：「花朝月夕，世俗恆言，二、八兩月為春秋之半，故以二月半為花朝，八月半為月夕。」[100] 到了清代，因地域差異，一般北方以二月十五為花朝，而南方則是二月十二。「康雍乾」年間，每逢「花朝」，宮廷都有祭花神、剪綵和賞紅等傳統習俗；在圓明園乃至承德避暑山莊等處還建有花神廟。可見，無論是在南方還是北方，都廣泛流傳著透過口頭傳說、文學故事、儀式慶典等各種形式，寄託對十二月令花卉及其神祇的紀念和祭拜，而「十二花神杯」杯身所繪製的月令花卉主題，也是直接來源於此的。

100《中華舞蹈志》編輯委員會：《中華舞蹈志·浙江卷》，學林出版社 1999 年版，第212 頁。

（二）以詩文入裝飾的表現手法

　　從裝飾設計上看，清初「十二花神杯」上除了每件繪製月令花卉外，還書寫相關花卉的題詩。以康熙五彩「十二花神杯」為例，杯體一側是花卉裝飾，另一側則是詩句，每杯皆有題詩。[101]考證這些詩句會發現其大多引自康熙欽定的《全唐詩》，詩尾落以「賞」字印。「十二花神杯」以書法寫詩文來補充繪畫，並加以鈐印，構成了典型的詩書畫印一體的裝飾設計特點。從陶瓷設計歷史來看，這種特點直接影響了其後雍乾時期的題詩琺瑯彩瓷。

　　追溯發現，以詩詞文字作為裝飾的陶瓷，最早出現在唐代長沙窯器物中。唐代楷書、行書流行，以楷書、行書體寫詩歌、警句作裝飾的器物常有出現。其後，在宋代磁州窯也集中出現了題寫詩詞短句作裝飾的器物，並且，書體由早期的楷書、行書為主，到中後期廣泛使用草書。到了明代，將詩書畫

---

101 正月迎春花題詩「金英翠尊帶春寒，黃色花中有幾般」（選自白居易的〈玩迎春花贈楊郎中〉）；二月杏花題詩「清香和宿雨，佳色出晴煙」（選自錢起的〈酬長孫繹藍溪寄杏〉）；三月桃花題詩「風光新社燕，時節舊春農」（選自薛能的〈桃花〉）；四月牡丹題詩「曉豔遠分金掌露，暮香深惹玉堂風」（選自韓琮的〈牡丹〉）；五月石榴題詩「露色珠簾映，香風粉壁遮」（選自孫逖的〈同和詠樓前海石榴二首〉之一）；六月蓮花題詩「根是泥中玉，心承露下珠」（選自李群玉的〈蓮葉〉）；七月蘭花題詩「廣殿輕香發，高臺遠吹吟」（選自李嶠的〈蘭〉）；八月桂花題詩「枝生無限月，花滿自然秋」（選自李嶠的〈桂〉）；九月菊花題詩「千載白衣酒，一生青女香（霜）」（選自羅隱的〈菊〉）；十月季花題詩「不隨千秋盡，獨放一年紅」（出處不詳）；十一月梅花題詩「素豔雪凝樹，清香風滿枝」（選自許渾的〈聞薛先輩陪大夫看早梅因寄〉）；十二月水仙花題詩「春風弄玉來清晝，夜月凌波上大堤」（出處不詳）。

第二章　明清時期的設計美學

印融於一體、文人氣息濃厚的瓷器紋飾出現，這種題詩繪畫瓷
有意無意的以捲軸畫的圖式為楷模。天啟青花器物中，有人物
仕女襯以河畔土丘，並於畫面空間外題詩寫句的紋飾；崇禎青
花瓷繪中更多的吸收了捲軸畫的元素、筆墨和布局，使題詩繪
畫瓷的裝飾手法在更高程度上與捲軸畫達到「異質同構」。不
獨瓷器，這種以詩詞文字入裝飾的表現手法，在明末清初其他
造物設計門類中也有呈現。以紫砂器為例，晚明陳用卿的「弦
紋金錢如意壺」，壺身以草書題句並刻名款；清初陳曼生、楊彭
年的「石瓢壺」，壺身一面刻竹一枝，另一面橫刻詩句「畫竹多
而作書少，人道餘書無竹好。偶然作此當竹看，又道竹□不如
老」（此為闕字）。此外，陳曼生的其他經典作品「井欄壺」、
「合歡壺」、「半瓦壺」幾乎都有題詩銘句。

　　器物裝飾中題詩銘句手法的普遍使用，是中國傳統裝飾所
特有的現象，與傳統社會形態關係密切。由於深受科舉制度的
影響，詩詞文章在中國傳統社會中有很高地位。科舉考試以詩
文為主要內容，不僅使得文人階層精於吟詩作文，而且影響整
個社會，形成對詩詞文章的膜拜心態，文學的價值幾乎成為整
個社會的價值趨向。前文對龔鵬程所稱的「文學化社會」有過
論述，關於「文學化社會」，龔鵬程解釋道，「文學作為一種價
值，已成為社會共同的意志。對於文學的崇拜，使這個社會，
成為一種文學的精神共同體」。一個文學化的社會具體可感知
的是：無所不在的文人作的楹聯、每個人用的文人趣味的印章、

姓名之外取的文人式的字號、口中隨時會講到的由詩文中摘錄出來的格言、居家牆壁上掛的文人字畫、學習文人生活的文化生活方式等，使每個人都屬於文學的享用者與共同秩序創造者。[102] 事實證明，尤其是在明代以後，瓷器、紫砂、家具乃至園林中，幾乎處處都有題詩和銘句。

（三）修辭手法的糅合運用

作為日用瓷器套具的一種經典圖式，能夠被穩定的傳承，凸顯出「十二花神杯」裝飾設計的合理因素。從設計語義角度（Theory of design rhetoric）解析，「十二花神」題材的器物裝飾，綜合的採用了多種修辭手法，並透過修辭手法的糅合運用來達成一種象徵。這種修辭手法的糅合運用，文學上稱為「辭格兼用」。「辭格兼用」在造物設計中則表現為：在器物裝飾中運用隱喻、類比、擬人、聯想、用典等修辭手法來構成象徵意象，賦予器物以意義和文化內涵。

「十二花神杯」的裝飾內容是自然界不同月令的花卉，以花卉為裝飾不僅是因為花卉姿色取悅於人，更多的是對花卉不同性情的欣賞。晚明馮夢龍白話小說〈灌園叟晚逢仙女〉在寫花神降落凡間，憐憫受官宦子弟欺凌的花農時，也提及了一首〈花名詩〉：「梅標清骨，蘭挺幽芳，茶呈雅韻，李謝濃妝，杏嬌疏雨，菊傲嚴霜，水仙冰肌玉骨，牡丹國色天香，玉樹亭亭階

砌，金蓮冉冉池塘，芍藥芳姿少比，石榴麗質無雙……」不同的
生物特徵和習性，賦予花卉不同的性情，而「十二花神杯」的設
計和欣賞者則採用類比的方法，將這種因物種、時節、地勢的
不同，與人的氣質及美感關聯起來。

　　物以比德、寓意於物在中國有著深厚的文化傳統。最為人
熟知的例子是梅蘭竹菊「四君子」的題材。「四君子」題材之所
以長期以來被反覆歌詠和描繪，皆因為其生物習性和外觀特徵
引人聯想，並可以透過類比來賦予其人格化的意義。前文述及
的「雙管式青玉筆插」，取竹、桃、蘭、芝之形，以象徵君子之
德；張岱分別以名妓、閨秀和處子來比擬西湖、鑑湖和湘湖；
袁宏道以「豔妝冶女」和「披褐道士」來比擬虎丘和上方山。此
類將自然或人工景觀的物理性差異，發展成人格化的個性特徵
的思維甚為普遍，而各物象鮮明的人格意義，正好用以寄託自
身情志。除了類比聯想，諧音也能引發聯想。桐西漫士《聽雨閒
談》曾記一件紫砂器：「見一陽羨砂缽盂，用以為水注，旁綴
一綠菱角，一淺紅荔枝，一淡黃如意，底盤以黑螭虎，龍即以
因爪為足。下鐫大彬二字。設色古雅，制度精巧，而四物不倫
不類，莫知其取義。後詢一老骨董客，謂余曰：『此名伶（菱）
俐（荔）不（缽）如（意）痴（螭）。』時大彬、王元美舊有此
制。」[103] 設計師以諧音的方式引人聯想，並道出了器物裝飾所暗

103　清華大學圖書館科技史研究組編：《中國科技史資料選編》，清華大學出版社 1981
　　年版，第 78 頁。

含的意義，即人生處世上去除機心、抱樸守拙的態度。「形而上者謂之道，形而下者謂之器」、「非器則道無所寓」，無論是標榜個性、寄託情志還是抒發理想，明清造物設計慣以各種修辭手法，將物品符號化為自身所需的象徵。用典，是裝飾設計中文學性修辭手法的另一類型。高濂論寢具「無漏帳」：「夏月以青苧為之，吳中攪紗甚妙。冬月以白厚布，或厚絹為之，上寫蝴蝶飛舞，種種意態，儼存蝶夢餘趣。」[104] 又論「蘆花被」：「深秋采蘆花，裝入布被中，以玉色或蘭花布為之，仍以蝴蝶畫被覆蓋，當與莊生同夢。」[105] 以蝴蝶飛舞的圖案借用「莊生夢蝶」的典故，日常用品的裝飾即能將人從世俗中解脫出來，而帶入詩意的情境。[106] 借用特定的符號和意象，以激發相應的情感，從而得以進入一種生活意境。「十二花神杯」題材中也有不少用典的範例，如九月菊花花神是陶淵明。不僅菊花清香遠逸是高情遠逸的象徵，可用來形容陶淵明高風亮節的美好情操，而且他辭官隱居寫下的「采菊東籬下，悠然見南山」的千古佳句也傳為一個典故。「十二花神」中每個花神都有所象徵的人物，

104 [明] 高濂編撰，王大淳點校：《起居安樂箋》，《遵生八箋》，巴蜀書社 1992 年版，第 331 頁。

105 [明] 高濂編撰，王大淳點校：《起居安樂箋》，《遵生八箋》，巴蜀書社 1992 年版，第 334 頁。

106 《莊子·齊物論》：「昔者莊周夢為蝴蝶，栩栩然蝴蝶也，自喻適志與，不知周也。俄然覺，則蘧蘧然周也。不知周之夢為蝴蝶與？蝴蝶之夢為周與？周與蝴蝶，則必有分矣。此之謂物化。」

而每個人物都有其典故和傳說：梅花花神林逋、杏花花神楊玉環、石榴花神鍾馗、蘭花花神屈原……

「十二花神杯」始自清初宮廷，隨即上行下效的流行開來。從設計手法來看，「十二花神杯」的流行和傳播，正映射著自明代發展而來的器物裝飾的文學性修辭手法，在清初乃至後世，為設計和欣賞者所接受和喜用的歷程。一方面，「十二花神杯」主題裝飾源於代代相傳的民俗和口傳文學，並以傳說為母題繪製紋飾，結合詩詞、鈐印等文學性的裝飾表現手法，形成詩書畫印一體的文人氣息濃厚的裝飾設計特色。另一方面，以「十二花神杯」為代表的明清器物，其裝飾設計的題材與意義之間，往往透過各種文學中慣用的修辭手法來建立連結，透過「辭格兼用」來構成象徵意象，並藉特定的象徵意象來激發相應的情感，從而透過意義和文化內涵，將人帶入一種生活意境。概而言之，「十二花神杯」作為日用瓷器套具的一種經典圖式，反映了自明代發展而來的器物裝飾的文學性手法已經臻於完善，並自上而下的影響了其後的中國傳統造物設計，成為傳統器物裝飾的一種特色。

第五節
崇古與追新：並行不悖的設計審美意識

　　明清時期是中國傳統手工業經過長期技藝累積後進入的高度發達期，也是造物設計活動空前繁榮的時期。一方面，有文人階層的參與和影響，明清時期的造物設計審美，整體上呈現出濃厚的文人氣息；另一方面，商品經濟和市民社會的發達，使得造物活動流露著更多異質的審美傾向。在諸如《妮古錄》、《長物志》、《考槃餘事》、《燕閒清賞箋》、《閒情偶寄》、《看山閣閒筆》等著作中，作者往往好古求雅，終日摩挲古物，精於鑑藏賞玩，並在書齋擺設、園林布置中，將古典作為標準予以實踐。但在相同的篇章裡我們也看到，他們又在關注時下衣食住行用的各種新式，並比較、取捨、巧妙經營改造。可以說，明清造物設計領域中，「崇古」和「追新」這一對意識的相悖共存，帶有作為轉折期的明清社會的時代特點，有著深刻的社會的、歷史的和文化的成因。透過下述明清時期造物設計領域的幾種現象，或可析出其中原因。

一、集古好古，以古為尚

　　「崇古」是中國文化史上的重要現象，以古代社會為理想社會藍本、以先王先聖為人格情操楷模，乃至以古代文物為承載傳統的對象，都是由此而生的文化情結。尤其是宋代以後，在

第二章　明清時期的設計美學

古代知識階層中普遍存在的是，一方面集古好古、藉古物證經補史研究古代；另一方面，透過古物引發歷史聯想，並藉以追尋文化記憶，寄託文化理想。《宋史》記劉敞「得先秦彝器數十，銘識奇奧，皆案而讀之，因以考知三代制度」（《宋史·劉敞傳》）；南宋趙希鵠撰《洞天清錄》專述文物收藏和品賞，以「奇古」、「古意」等範疇讚賞器物的審美特徵，深深影響了其後《妮古錄》、《長物志》、《考槃餘事》、《燕閒清賞箋》、《閒情偶寄》、《看山閣閒筆》等著作的成書。可以看到，在以「古」為最基本的文化訴求下，明清時期造物設計中發展了一系列以「古」為特徵的形式標準：

其一，古制。在傳統儒家學者看來，三代社會的「萬民之法」和「聖王之治」是理想的道德治世，因而，不僅三代的禮法制度成為後代文人考辨的對象，而且三代的銅器和玉器的形制也被後世奉為典範。器物是文化的表徵，以三代器物制度為源頭，漢唐、兩宋經典文化遺物的樣式、使用習慣、陳設方式也受到推崇和追捧，在明代隨即形成一股崇尚古制的風氣。明人謝肇淛評論日用器物「茶注」：「茶注……嶺南錫至佳，而制多不典。吳中造者，紫檀為柄，圓玉為紐，置几案間，足稱大雅。」[107]「典」在這裡是具有代表性和典範意義的古代經典形制。他認為，質地雖佳，然形制「不典」的器物是不符合審美標

107　[明] 謝肇淛，《五雜俎》卷十二，上海書店出版社 2001 年版，第 246 頁。

準、不雅的。又如高濂論：「雖然製出一時工巧，但殊無古人遺意。以巧惑今則可，以致勝古則未也。」[108] 這裡是說，結構巧妙的樣式雖然能以突出的工藝技術吸引人，但其形制喪失古意，還是受到了否定。高濂曰：「窯器有哥窯五山三山者，制古色潤；有白定臥花哇，瑩白精巧。」[109] 五山、三山樣式的筆格是古代的經典樣式，承襲了傳統的樣式，在他看來是最符合審美標準的。

其二，古色。經過歲月的淘洗，各種不同材質的器物往往會呈現出一些特殊的色澤，如古銅器表面的鏽色、古玉器的沁斑等。這種特殊的色澤本是鑑定器物的依據，然而古舊的色澤不免使人產生對時間的追思和關於歷史的聯想。因而，明清造物設計中也有不少將古色作為器物鑑賞的一種審美標準。以古銅器為例，自宋代趙希鵠在《洞天清錄》中描述古銅器的外觀色澤之後，元代陶宗儀的《輟耕錄》、明初曹昭的《格古要論》、中晚明的王三聘和方以智等，都對「入土」、「入水」或「流傳人間」的銅器所具有的不同的「古銅色」有相似的總結。對此，高濂的意見是：「曹明仲《格古要論》云：銅器入土千年者，色純青如翠，入水千年者，則色綠如瓜皮，皆瑩潤如玉。未及千年，雖有青綠而不瑩潤，此舉大概，未盡然也。若三代之

---

108 [明] 高濂編撰，王大淳校點：《燕閒清賞箋》，《遵生八箋》，巴蜀書社 1992 年版，第 533 頁。

109 [明] 高濂編撰，王大淳校點：《燕閒清賞箋》，《遵生八箋》，巴蜀書社 1992 年版，第 604 頁。

物……」[110] 此外，他還按色澤建立了一套評價銅器品級的標準：「古銅以褐色為上，水銀黑漆鼎彝為次，青綠者又次之也。若得青綠一色不雜，瑩若水磨，光彩射目者，又在褐色之上。」[111] 而張應文在《清祕藏》中提出的標準卻稍有差異，他認為：「古銅色有以褐色為最上品者，余以為鉛色最下，硃砂斑次之，褐色勝於硃砂而不如綠，綠不如青，青不如水銀，水銀不如黑漆……」[112] 儘管各人意見稍有差別，然稍作歸納不難發現，古銅器的暗褐色都是最受讚美的顏色。此外，臺灣學者楊美莉認為，不僅銅器如此，備受文人珍視的玉器的沁斑、澄泥硯的鱔魚黃色，都屬於暗褐色系統。可以認為，這種暗褐色系即是最被推崇的古色，由此而建立的基於色澤差異的標準，也作為一套評價器物高下的標準運作起來。

二、古物新用

　　「崇古」意識影響下的集古好古風氣，固然是明清造物設計領域的重要現象，然而不同於前代的是，明清時期對古物的收藏和品鑑方法別出心裁。古代器物往往不是被束之高閣，而是

---

110 [明]高濂編撰，王大淳校點：《燕閒清賞箋》，《遵生八箋》，巴蜀書社1992年版，第515頁。

111 [明]高濂編撰，王大淳校點：《燕閒清賞箋》，《遵生八箋》，巴蜀書社，1992年版，第517頁。

112 [明]張應文：《清祕藏》，《文淵閣四庫全書》第872冊，（臺北）商務印書館1983年版，第872頁。

第五節　崇古與追新：並行不悖的設計審美意識

被合理的安排、巧妙的取用於周圍的環境中。透過安排和取用現成物品、發掘其用途來使其服務於環境和人，實質上是對物品的一種「再設計」，對開發物品的價值極有意義。尤其是通常被視為文化遺物或純藝術品的物品，也往往取其日常使用和裝飾價值，藉其歷史文化意蘊和審美價值，來共同創造一種當下的日常生活的裝飾風格。古代器物開始被頻繁的取用於日常生活之中，古物被移作生活用品[113]，這種現象在明清時期極為常見：

> 如高濂不但將上古之「鼎」用於焚香，而且認為：
> 彝盤……今可用作香櫞盤。
> 觚、尊、觥，皆酒器也，三器俱可插花。
> 瓠壺……今以此瓶注水，灌溉花草，雅稱書室育蒲養蘭之具。周有蟠虺瓿、魚瓿、罍瓶，與上蟠螭、螭首二瓶，俱可為多花之用。
> 每有蝦蟆蹲螭，其制甚精，古人何用？今以鎮紙。又有大銅伏虎，長可七八寸，重有三二斤者，亦漢物也。此皆殉葬之器，今以壓書。
> 他如羊頭鉤，螳螂捕蟬鉤，鏒金者，皆秦漢物也。無可用處，書室中以之懸壁，掛畫，掛劍，掛塵拂等用，甚雅。[114]

---

113 關於明代奢侈品被挪作日用品的現象，英國學者柯律格 (Craig Clunas) 在著作 *Super fluous Things : Material Culture and Social Status in Early Modern China*（《長物志：早期現代中國的物質文化與社會身分》）的第五章有專門討論。

114 [明] 高濂編撰，王大淳校點：《燕閒清賞箋》，《遵生八箋》，巴蜀書社1992年版，第 526 頁。

　　古代器物不再是被束之高閣的「藏品」，而是被取用於日常生活之中，透過「再設計」成為營造文雅生活的道具。高濂還記載了一次有趣的「再設計」經歷：「余得一硯爐，長可一尺二寸，闊七寸，左稍低，鑄方孔透火炙硯；中一寸許稍下，用以暖墨擱筆；右方置一茶壺，可茶可酒，以供長夜客談。其銘曰：『蘊離火於坤德兮，回陽春於堅冰。釋淘泓於凍凌兮，沐清泚於管城。』是以三冬之業，不可一日無此於燈檠間也。」[115]在這裡，古代器物被重新改裝成為實用的生活用品，重新融入當下的日常生活。這種古物新用的做法，使古物不再只是作為歷史文化的標本以激發慕古之情，而是要將人帶入新的生活情境。與此同時，許多不再具有使用價值的古代器物卻被否定。如「元制榻」和「筆床」：

　　更見元制榻，有長丈五尺，闊二尺餘，上無屏者，蓋古人連床夜臥，以足抵足，其制亦古，然今卻不適用。[116]筆床之制，世不多見，有古鎏金者長六七寸，高寸二分，闊二寸餘，上可臥筆四矢，然形如一架，最不美觀，即舊式可廢也。[117]

　　這顯示，物品的歷史文化內涵退入相對次要的位置，而其

---

115 [明] 高濂編撰，王大淳校點：《燕閒清賞箋》，《遵生八箋》，巴蜀書社 1992 年版，第 526—527 頁。

116 [明] 文震亨著，陳植校注：《長物志》卷六〈几榻〉，江蘇科學技術出版社 1984 年版，第 257 頁。

117 [明] 文震亨著，陳植校注：《長物志》卷七〈器具〉，江蘇科學技術出版社 1984 年版，第 257 頁。

審美和實用價值上升到相對重要的位置。正如清初鑑賞家李漁說：「置物但取其適用，何必幽渺其說，必至理窮義盡而後止哉！」[118] 在許多文人士大夫看來，將本不是作為實用物出現的物品置入特定的生活情境，進行「再設計」，能夠發掘其建構特定生活風格的作用，而這種服務於當下生活風格的實用性，正是物品的價值所在。「古物新用」的現象，反映了文化遺物從收藏品到日用品的角色轉變，更折射出人們觀念的趨新。正因為此，物品不再因其「古」而被無條件的推崇，而只有能夠為當下生活創造特定情境的古代器物，才是符合審美標準的。

以陳設和實用的標準對古代器物進行重新選擇，表明了明清造物設計領域某些核心審美和價值觀的轉變，即以評價設計藝術的形式標準，替換了以往固守的器物年代、品相和政教意義等標準。正如李漁說：「夫今人之重古物，非重其物，重其年久不壞。見古人所制與古人所用者，如對古人之足樂也。」[119] 即是，明清時期人們所看重的器物，是那些外觀形式符合特定的氛圍，並能營造出使用者期待的古雅清幽生活情境的器物。這種轉變與明代中晚期社會的變化直接相關。明代中期以後，「心學」對程朱理學的衝擊，及資本主義生產方式在某些地區的萌

---

118 [清] 李漁：《閒情偶寄·器玩部》，《李漁全集》，浙江古籍出版社 1991 年版，第 221 頁。

119 [清] 李漁：《閒情偶寄·器玩部》，《李漁全集》，浙江古籍出版社 1991 年版，第 215 頁。

芽，促使整個社會普遍滋長了一種個體意識，和肯定日常現世生活的精神。泰州學派開創者王艮以「百姓日用條理處即聖人之條理處」的日常儒學，或曰平民儒學觀，道出了商品經濟社會和消費時代到來後，士人「日用即道」的價值觀。其後，李贄更把日常生活從修道的工具地位，提高到必須加以重視的本體地位，將穿衣吃飯視作人倫物理，這是對傳統儒學的超越，也是對王艮「百姓日用即道」思想的發展。「穿衣吃飯，即是人倫物理。除卻穿衣吃飯，無倫物矣。世間種種，皆衣與飯類耳。」[120] 與日常的衣食住行用玩相關的物質生活產品，逐漸被關注和重視，表面上是對「物」的價值的肯定，背後卻還是對使用物品的「人」及其價值的肯定。的確，若我們從設計的角度來看，一件物品是必須透過接受者的「倫常日用」，才能確立其形態和本質的。正是這樣，在被使用的過程中，古代器物的本質才由收藏品變為服務於生活的、實用的工藝品，而展現出不同於以往的新價值。

三、追捧時玩

　　除了古物新用，更重要的是明清許多時尚設計物 ——「時玩」也開始被接受。所謂「時玩」是指近世或當代的物品，甚至包括一些舶來品。明代萬曆年間的書畫、永樂漆器、宣德銅爐、永樂宣德成化瓷器、紫砂器、紫檀紅木器乃至摺疊扇、蟋

---

120 [明] 李贄著，張建業主編：〈焚書〉，《李贄文集》第一卷，社會科學文獻出版社
　　1996 年版，第 4 頁。

蟀盆等物件，為世人競相收藏。沈德符《萬曆野獲編》說瓷器：

> 本朝窯器用白地青花間裝五色，為古今之冠，如宣窯品
> 最貴，近日又重成窯，出宣窯之上。[121]

本朝瓷器被譽為「古今之冠」，說明年代不再是決定價值高低的絕對因素，近世或當代物品越來越受到追捧。王世貞記道：

> 書畫重宋，而三十年來忽重元人，乃至倪元鎮以逮明沈
> 周，價驟增十倍。窯器當重哥汝，十五年來忽重宣德，以至
> 永樂、成化價亦增十倍。[122]

以至於「本朝宣、成、嘉三窯，直欲上駕前代」。[123] 袁宏道記道：

> 鑄銅如王吉、姜娘子，琢琴如雷文、張越，窯器如哥
> 窯、董窯，漆器如張成、楊茂、彭君寶，經歷幾世，士大夫
> 寶玩欣賞，與詩畫並重。[124]

所述都是當代器物設計製作的名匠，其作品已被文人視為與詩畫具有相當地位。同時，近世和當代物品的市場價值不斷走高：

---

121 [明] 沈德符：《萬曆野獲編》，中華書局 1959 年版，第 653 頁。

122 [明] 王世貞：《觚不觚錄》，《景印文淵閣四庫全書》第 1041 冊，臺灣商務印書館 1983 年版，第 440 頁。

123 [明] 董其昌：《骨董十三說》，鄧實輯《中國古代美術叢書》第 9 冊，國際文化出版局 1993 年版。

124 [明] 袁宏道著，錢伯城箋校：《袁宏道集箋校》卷二十，上海古籍出版社 1981 年版，第 730 頁。

　　　　瓦瓶如龔春、時大彬，價至二三千錢。龔春尤稱難得，黃質而膩，光華若玉。銅爐稱胡四，蘇松人，有效鑄者皆能及。扇面稱何得之。錫器稱趙良璧，一瓶可值千錢，敲之作金石聲。[125]

　　　　宜興罐，以龔春為上，時大彬次之，陳用卿又次之。錫注，以王元吉為上，歸懋德次之。夫砂罐，砂也；錫注，錫也。器方脫手，而一罐一注價五六金，則是砂與錫與價，其輕重正相等焉，豈非怪事！一砂罐、一錫注，直躋之商彝、周鼎之列而毫無慚色，則是其品地也。[126]

「時玩」的市場價值直追「古物」，說明「古物」與「時玩」的先天的高下之分已被打破，設計本身的高下 —— 「品地」成為市場價值的依據。因此有袁宏道論花瓶：

　　　　大抵齋瓶宜矮而小，銅器如花觚、銅觶、尊罍、方漢壺、素溫壺、匾壺，窯器如紙槌、鵝頸、茄袋、花樽、花囊、蓍草、蒲槌，皆須形制短小者，方入清供。不然，與家堂香火何異，雖舊亦俗也。[127]

　　還有，文震亨論筆筒：

125　[明] 袁宏道著，錢伯城箋校：《袁宏道集箋校》卷二十，上海古籍出版社 1981 年版，第 730 頁。

126　[明] 張岱：《陶庵夢憶‧西湖夢尋》卷二，上海古籍出版社 1982 版，第 17 頁。

127　[明] 袁宏道：《瓶史》，《袁宏道集箋校》（中），上海古籍出版社 2008 年版，第 821 頁。

又有鼓樣，中有孔插筆及墨，雖舊物，亦不雅觀。[128]

明清時期的人們不再迷信古即是雅的觀念，而是認為，若不把握器物及其陳設規律，即使是古舊的器物也可能營造出俗氣的情境。李漁更是明確的表達了對當代坐具設計「以今勝古」的讚賞：

> 器之坐者有三：曰椅、曰杌、曰凳。三者之制，以時論之，今勝於古，以地論之，北不如南；維揚之木器，姑蘇之竹器，可謂甲於古今，冠乎天下矣，予何能贅一詞哉！[129]

這些觀點鮮明的陳述顯示，在明清時期，「古」與「時」的絕對界限開始淡化，人們更關注器物設計本身的優劣。在發達的手工業條件下，越來越多的人開始成為設計出色的「時玩」的擁躉者。同時，發達的手工業也為日用器物、服飾、園林建築等領域，提供了前所未有的生產能力，帶動手工產品數量、品類迅速增長，新穎的「時玩」更是層出不窮。如在製瓷業方面，明代就創造了更豐富的表面裝飾，由一種色釉發展到多種色釉，由釉下彩繪發展到釉上彩繪，出現紅綠彩、五彩、素三彩、色地加彩、青花鬥彩等。清代顏色釉瓷器極為豐富，如「官釉」、「天藍」、「粉青」、「紅釉」、「窯變」、「豇豆紅」、「蟹

---

128 [明] 文震亨著，陳植校注：《長物志》卷七〈器具〉，江蘇科學技術出版社 1984 年版，第 258 頁。

129 李漁：《閒情偶寄‧器玩部》，《李漁全集》，浙江古籍出版社 1991 年版，第 204 頁。

甲青」、「鱔魚黃」、「茄皮紫」、「松石綠」、「茶葉末」等都
為新品種；五彩除用紅、綠、赭、紫等色彩外，又加入金彩、
藍彩（鈷藍）、黑彩；粉彩在工藝上引進了西洋工藝，發明了玻
璃白；利用西洋進口的琺瑯彩料燒製的琺瑯彩瓷精美異常；此
外，還有燒製成功的鏤孔填釉的玲瓏瓷，和大型雕刻的轉心瓶
和轉頸瓶，獨具匠心，技藝空前。製陶業中，紫砂陶器異軍突
起。《陽羨名壺系》謂：「近百年中，壺黜銀錫及閩豫瓷，而
尚宜興陶，又近人遠過前人處也。」萬曆以後，紫砂工業形成獨
立的生產體系，進入百品競新的興盛時期，除生產茶具外，還
生產文房雅玩、香盒等工藝品。萬曆時期，時大彬、徐友泉等
名匠對紫砂的泥色、形制、技法、銘刻有傑出的創造，創「漢
方」、「梅花」、「八角」、「葵花」、「僧帽」、「天鵝」、「足節」
諸壺式。可以說，明清時期手工業產品的推陳出新，與人們觀
念的日益趨新互相推動，促成了「時玩」成為市場追捧的焦點。

四、接受仿古和仿倭

　　明清時期的設計審美因「崇古」引起對古制和古色的推崇，
並帶來一股仿古的設計風潮，是這一時期重要的現象。以銅器
為例，明代出現了許多鑄銅名家，如石叟、胡文明、徐守景
等，說明當時仿古設計物已廣為接受。高濂就對「新鑄偽造」
並不絕對排斥，認為仿古器物「可補古所無」，甚至對當時淮安
地區所製之大香猊、香鶴、銅人之類以及吳中所製銅器抱讚賞

第五節　崇古與追新：並行不悖的設計審美意識

態度：「近日吳中偽造細腰小觚、敞口大觚……金觀音彌勒，種種色樣，規式可觀，自多雅致。若出自徐守素者，精緻無讓，價與古值相半。其質料之精，摩弄之密，功夫所到，繼以歲月，亦非常品忽忽成者。置之高齋，可足清賞。不得於古，具此亦可以想見上古風神，孰云不足取也？此與惡品非同日語者，鑑家當共賞之。」認為只要銅質、紋樣俱佳，皆可為賞鑑之物。他對以善仿古瓷而著稱的蘇州人周丹泉的作品也持肯定態度：「近如新燒文王鼎爐、獸面戟耳彝爐，不減定人製法，可用亂真。若周丹泉初燒為佳，亦須磨去滿面火色，可玩。」[130] 臺北故宮博物院所藏的周丹泉最具代表性的仿古銅鼎而製的嬌黃色瓷鼎，當時有人就認為這類仿古器，若經過時間的洗禮，磨去「火色」也是不錯的。對仿古設計物的接受，意味著明清造物設計已不再將「古」與「時」作為絕對界限，而能對器物作純粹審美上的鑑別。

除了仿古器物被接受，各種仿製東洋樣式的器物乃至於西洋舶來品，也受到喜愛。明清兩代政府對民間貿易，在較長時間內都主張以海禁政策管制之。然而在各種因素的作用下，海禁與開海政策的不斷反覆，是明清兩代對外貿易的真實狀況。海外貿易帶來「東西二洋」的物品，加之，許多朝貢國也在官方貢品交換之外，帶來物品並在朝廷的監管下進行民間貿易。甚至在晚明清初管控不力之時，民間商舶貿易已經成為不可阻

---

130 [明] 高濂編撰，王大淳校點：《燕閒清賞箋》,《遵生八箋》,巴蜀書社 1992 年版，第 533 頁。

第二章　明清時期的設計美學

擋的潮流，在半明半暗的狀態下持續，絕少中斷。朝貢和海外
貿易帶來了大量具有異國風格的物品，這些器物一方面流入民
間以供日用，另一方面也以其獨特的設計風格和製作工藝，影
響著手工業者。在充分肯定東西洋器物的前提下，明清造物設
計對其工藝、裝飾和風格多有借鑑。如文震亨就對「倭制」器
物較推崇，他論「臺几」：「倭人所製種類大小不一，俱極古
雅精麗，有鍍金鑲四角者，有篏金銀片者，有暗花者，價俱甚
貴。」[131] 論「廂」：「倭廂，黑漆篏金銀片，大者盈尺，其鉸
釘鎖鑰俱奇巧絕倫，以置古玉重器或晉唐小卷最宜。」[132] 又論
「几」：「天然几，以文木如花梨鐵梨香楠等木為之，第以闊大
為貴，長不可過八尺，厚不可過五寸，飛角處不可太尖，須平
圓乃古式，照倭几下有拖尾者更奇。」[133] 另如論「袖爐」，他也
認為「倭制漏空罩蓋漆鼓為上」，再如祕閣、摺疊剪刀、裁刀、
香盒等物，倭器都能以輕便、精巧而取勝。《長物志》的許多言
論都反映了文氏讚賞倭式器物的態度，而從另一側面，也折射
出了明清日本舶來品和倭式器物大行其道的事實。

---

131 [明] 文震亨著，陳植校注：《長物志》卷六〈臺几〉，江蘇科學技術出版社 1984
　　年版，第 234 頁。

132 [明] 文震亨著，陳植校注：《長物志》卷六〈廂〉，江蘇科學技術出版社 1984 年
　　版，第 242—243 頁。

133 [明] 文震亨著，陳植校注：《長物志》卷六〈天然几〉，江蘇科學技術出版社
　　1984 年版，第 231 頁。

　　文氏對舶來品和倭式器物的接受和讚賞並不是個例。高濂在論述「文具匣」時，也曾指出此物「不必鑲嵌雕刻求奇」，「亦不用竹絲蟠口鑲口，費工無益，反致壞速。如蔣製倭式，用鉛釣口者佳甚」。[134] 這裡，他讚賞了蔣姓工匠仿倭所製的文具匣，據記載，他也曾令人用銅仿製設計巧妙的倭制文具盒做壓尺。漆器方面，以「泥金」和「縹霞」技藝製器而著稱的明代髹漆名匠楊塤，也是因其學習了日本漆藝而大有成就。《七修類稿》記載：「天順間，有楊塤者，精明漆理，各色俱可合，而於倭漆尤妙。其縹霞山水人物，神氣飛動，真描寫之不如，愈久愈鮮也，世號楊倭漆。所製器皿亦珍貴。」[135] 此外，經由高麗舶來的日本摺扇也受到了上至宮廷、下至市井的喜愛。日本摺扇除工藝上多用「泥金」、「灑金」外，其扇面所表現的自然和人物風情，都帶有濃郁的異域風格，這種嶄新的風格深得人心。隨後，遂有寧波、杭州、蘇州、金陵、徽州、四川等地工匠紛紛仿製「倭扇」，其中以蘇州和四川所產摺扇最受歡迎。《五雜俎》記載，「上自宮禁，下至士庶，推吳蜀二種最盛行」，「蜀扇每歲進御，饋遺不下百餘萬。上及中宮所用，每柄率值黃金一兩，下者數銖而已」。[136] 黃圖珌在《看山閣閒筆》中，將古

134　[明] 高濂編撰，王大淳校點：《燕閒清賞箋》，《遵生八箋》，巴蜀書社 1992 年版，
　　　第 603 頁。

135　[明] 郎瑛：《七修類稿》卷四十五〈事物類〉，《筆記小說大觀》，臺灣新興書局
　　　有限公司 1984 年，第 687 頁。

136　[明] 謝肇淛：《五雜俎》卷十二，上海書店出版社 2001 年版，第 241 頁。

銅鏡與西洋玻璃鏡對比之後，認為銅鏡「然不若西洋所產之玻璃鏡，不須拂拭，常自光明也」，也認為「西洋自鳴鐘可為巧矣」。[137]

　　對於古代的追慕，是根植於中國傳統文化中的基因，普遍存在的今不如昔的退化歷史觀，深刻的影響著中國人的觀念，並反映為一種崇古、好古意識。然而，自明代始，「崇古」意識在造物中，漸漸表徵為對古代設計的模仿和引用，許多絕對的標準已被放下，新的觀念和事物漸被接受。隨之出現的古物新用、仿古設計的現象顯示，器物漸從「藏品」轉變為日常生活中的「賞品」和「用品」。甚至在發達的手工業條件下，手工產品數量、品類迅速增長，不斷湧現的新式設計引領消費風潮，人們已毫不避諱的將時玩作為追捧的對象。此外，海外貿易帶來的舶來品，也因其工藝精巧和風格獨特，成為明清兩代造物設計模仿的對象，「仿倭」成為明清造物設計領域又一獨特的現象。可以說，明清兩代造物設計雖仍崇古尚雅，但已不拘於古，在追新慕異的同時又會力避流俗。這一方面反映了明清社會包容和務實的特點，另一方面，也折射出中國傳統的辯證思維邏輯。正如英國科技史家李約瑟（Noel Joseph Terence Montgomery Needham）曾說：「當希臘人和印度人很早就仔細的考慮形式邏輯的時候，中國人則一直傾向於發展辯證邏

---

137 [清] 黃圖珌：《看山閣閒筆》，上海古籍出版社 2013 年版，第 177 頁。

輯。」[138] 在特定的歷史情境下，中國傳統的辯證思維模式，甚至能使許多矛盾的觀念並行不悖的統一在對一事一物的具體評判中。同時，明清時期是中國傳統社會的一個轉捩點，「整個古老的中國，正面臨著各項衝擊與變動，這是個瀰漫『世變』氣氛的歷史階段」。[139] 文人趣味影響下的明清造物設計，一方面傾向離異於世俗世界的莊禪境界，另一方面，不免也被豐富多彩的物質世界所吸引，受到多變的社會時尚的濡染。因而，在古調與新聲的合奏中，物質文化中所反映出的設計審美意識，也呈現出「崇古」與「追新」的共生共存，並以這種相悖並存的狀態，為「世變」做著堅實的注腳。

第六節
恭造之式與外造之氣：設計審美中的權力運作

前文說過，在任何一個社會，物體系都是由社會的上層和菁英階層來賦予其意義的。更進一步說，任何時代，社會的主流審美觀念也都不可避免的受到社會上層和菁英階層的左右。權力或知識的運作，都對物體系有決定性的作用。而更多時候，則是權力和知識相互交織轉化後的共同運作。福

---

138 [英] 李約瑟：《中國科學技術史》第三卷，科學出版社 1978 年版，第 337 頁。

139 毛文芳：《物・性別・觀看——明末清初文化書寫新探》，臺北：學生書局 2001 年版，第 3 頁。

第二章　明清時期的設計美學

柯（Michel Foucault）在描述知識與權力的關係之時提出，掌握了權力就意味著掌握了話語權，因為語言和知識可以用來為鞏固權力提供服務。反之，知識又能產生權力，因為認知決定了行動的範圍。如果說，晚明時期由於綱紀鬆弛、文風鼎盛，使得文人士大夫階層因其對知識的占有，而獲得了文化上的話語權，並使其所代表的審美觀念引領一時風氣；那麼，清代社會形勢的變化，使得政治統治者不得不採取更為專制的文化政策，因而，帝王也將其對物質文化的審美價值取向，貫徹至對造物成器活動的控制之中。正如有學者認為：「在家國一體的封建體制下，皇帝個人的意志和審美趨向，往往決定了整個朝代的審美趨向。」[140] 的確，清代設計的審美特徵受到帝王審美取向左右的現象較為明顯，尤其是雍正帝的審美情趣和政治意志產生了更重大的影響。

一、君主專制的加強與造辦處的設立

中國歷史上統一多民族的君主集權制社會，在明清兩代發展到頂點，清代作為封建專制社會的最後一個王朝，其政治上的高度集中、皇權的至高無上更是無以復加。入關之前，後金政權曾採取氏族貴族合議制度決策國家事務。清初，順治帝仿明朝制度，改內三院為內閣，但內閣並不具實權，而是服務於議政王大臣會議。國家事務經議政王大臣會議共同決定的政

140　林姝：〈從造辦處檔案看雍正皇帝的審美情趣〉，《故宮博物院院刊》2004年第6期。

治體制，使得權力分散且不符合入關後鞏固政權的形勢需求。康熙帝為了完成統一大業和加強君主集權，將其讀書處南書房從講論經義的所在，逐漸發展成為決策事務、承旨擬詔和發布政令的核心機構。康熙一朝，皇帝的親信大臣如高士奇、張廷玉、蔣廷錫、魏廷珍等都曾供職於南書房，實際上扮演著機要祕書的角色。議政王大臣會議與內閣的事權逐漸歸於南書房，皇權得到加強。雍正即位後，為平定準噶爾部的叛亂，在西北大規模用兵，遂挑選幾個親信大臣協助皇帝處理機密的軍務，被稱為軍機房。雍正十年（西元 1732 年）軍機房改稱為軍機處，軍機處本來是內閣的一個下屬分支機構，由清初繼承明朝制度而來。雍正朝的軍機處事權日益擴大，逐漸成為在皇帝的直接指揮下，總理一切軍國要務的機構。在軍機處中任職的官員，都要由雍正帝在滿漢大臣中親自點派，多者六、七人，少者三、五人。軍機大臣等每天覲見皇帝，秉承帝旨，發布政令，直接指示京師和地方各衙門的官員。正如《清史稿·軍機大臣年表序》言：「軍國大計，罔不總攬，自雍乾後百八十年，威命所寄，不於內閣而於軍機處，蓋隱然執政之府矣。」軍機處設置後取代了南書房，成為凌駕於內閣和議政王大臣會議之上的最高權威機關，軍機處使得皇帝可以根據自己的意志獨斷朝綱，也成為清代君主專制的標誌。

除軍國事務的專制，清代的思想和文化領域也有空前嚴格的管控。清初，朝廷即禁止文人學士創立書院，糾眾結社，表

第二章　明清時期的設計美學

面上是不許「空談廢業」，實際上是不許「集群作黨」。透過罪罰剝奪言論與出版的自由，形成了與晚明截然不同的社會風氣與文化氛圍，知識界的活躍空氣被完全禁錮。思想箝制還表現在令人望而生畏的文字獄和禁書毀書，康熙、雍正、乾隆三朝，對所有「反清」思想進行嚴厲鎮壓，甚至無端猜忌各種有可能影射的文字。[141] 據《清代文字獄檔》所收錄的文字獄檔案，從乾隆六年（西元 1741 年）至五十三年（西元 1788 年）的 47 年中，有文字獄 53 起，以文肇禍的事例比比皆是。乾隆時期由大興文字獄進而發展到全面禁書毀書。乾隆三十八年（西元 1773 年）開始編纂的《四庫全書》儘管浩大恢宏、彌足珍貴，但其編纂目的本是出於統領思想，清除悖逆。因此，四庫館臣在編書的同時，也承擔著禁書和毀書任務。具體而言，在廣泛徵集藏書後，他們把從各省呈獻上來的書籍中，不符合統治者意識形態的部分清查出來，送交軍機處，再由翰林院仔細審查。若有「悖謬」的文字需要銷毀，則把原因寫成摘要呈至皇帝檢閱裁定後，送到武英殿前的字紙爐燒毀。《四庫全書》的編纂過程中，被禁毀的書籍達幾千種，其中全毀 2,453 種，抽毀 402 種，銷毀書版 50 種，其在總結歷代文化成果的同時，也對文化

---

141 如，雍正時代的禮部侍郎查嗣庭在江西主考官任上，被人告發所出試題中有「維民所止」字樣，據說「維」字、「止」字是有意砍去「雍正」的首級，大逆不道。這是典型的拆字遊戲式樣的文字獄。又如，翰林學士胡中藻有句詩曰「一把心腸論濁清」，乾隆認為：「加『濁』字於國號『清』字之上」，是對清朝的詆毀，胡中藻遂因一「濁」字而被殺，並罪及師友。

的完整性造成了很大破壞。

　　政治制度上鞏固集權、思想領域裡箝制言論，和文化建設中獨斷專制，使得清代成為中國封建社會歷史上，統治者意志實施和執行得最為徹底的時代，也把清代的皇權推上了至高無上的巔峰。重視造物設計的制度規範及其貫徹，是歷代執政者的共同特點，長期以來，設計的制度規範多由禮部議定，而具體的組織實施則多由工部下屬的相關部門負責執行，包括工料、技藝、匠役、監督和採辦等。而在清代，就大型工程的營建、國之重器的製作和御用品的設計，成立宮廷造辦處則是格外特別的舉措，它保證了皇權能夠更嚴格的控制國家重大事項、更緊密的滲入宮廷日常生活，並在客觀上對社會其他階層的物質文化審美觀產生影響。

　　清宮造辦處負責製造、修繕和收藏御用品，也參與裝修陳設、輿圖繪製、兵工製造、貢品收發和罰沒處置，先後設六十多個專業作坊，由皇帝特派的內務府大臣管理。追溯至開國之初，清朝沿襲明代舊制，將明內廷服務機構「二十四衙門」改為「十三衙門」，後又經變動，在康熙年間形成內務府，其職責是「奉天子之家事」，其中，廣儲司、武備院、營造司等所屬作坊涉及造物製器。[142] 據內務府檔案記載：「順治十二年（西

142　據《欽定總管內務府現行則例》記載，廣儲司設「六庫七作二房」，即銀庫、皮庫、磁庫、緞庫、衣庫、茶庫、銀作、熟皮作、銅作、染作、衣作、繡作、花作、帽房、針線房；營造司設「七庫三作」，即木庫（木作）、房庫（石瓦作）、器皿

第二章　明清時期的設計美學

元 1655 年）於養心殿東暖閣設裱作。」康熙朝，養心殿製器活動得到延續。有學者考證，康熙十五年（西元 1676 年），養心殿已有刻書匠梅玉峰等人當差。康熙十七年（西元 1678 年）和十九年（西元 1680 年），養心殿內已發展了裝裱、繪畫、刻書等活動，其物資、匠役等都在內務府製作部門的支持和管理下展開。[143] 養心殿的御製傳統是清宮造辦處成立的基礎，而造辦處的正式建制，要以康熙二十八年（西元 1689 年）養心殿設立刷印「造辦處」字樣紅票為標誌。「造辦」是相對於「採辦」而言，其核心是以「養心殿造辦處」為主體的內廷用品製作單位，也包括設於內務府北側的「內務府造辦處」，又稱「匠作處」。康熙三十年（西元 1691 年），除裱房等留在養心殿內外，其餘遷至慈寧宮茶飯房，康熙三十二年（西元 1693 年）開始設立作坊，康熙四十七年（西元 1708 年）全部遷出養心殿，後又將部分作坊設在慈寧宮南、白虎殿北的一帶青瓦建築裡。鼎盛期，造辦處下設四十二個作坊，每個作坊都薈萃諸多能工巧匠，民間稱其為「百工坊」。除來自全國各地的民間匠師，還有不少西洋藝人。作坊包括玻璃廠、匣裱作、琺瑯作、木作、自鳴鐘

庫、鐵庫、炭庫、柴庫、圓明園柴炭庫、漆作（油畫作、油漆作）、鐵作、花爆作；武備院設「四庫」，即甲庫（穿甲處、亮鐵作）、氈庫（弓作、箭作、鮑頭作、靴皮作、染氈作、沙河氈作）、北鞍庫（鞍板作、掌傘處、帳房處）、南鞍庫（熟皮作）。

143 張學渝、李曉岑：〈清宮造辦處成立若干問題新探〉，《廣西民族大學學報（自然科學版）》2015 年第 4 期，第 6—12 頁。

第六節　恭造之式與外造之氣：設計審美中的權力運作

處、如意館等，在皇帝的直接授意和監督之下製作御用品，不計工本，精益求精。由於集中了最優秀的藝術和技術人員，造辦處的工匠創造了大批國寶級的工藝產品。

　　清宮造辦處的事權、體系和運作，也經歷了一個完善和整合的過程。康熙朝正式設立的造辦處並不完善，作房和技藝的分布也不平衡，對此，雍正帝進行了許多調整，使之更便於系統化管理和專門化發展。雍正元年（西元 1723 年），將分別由工部、內務府所屬武英殿修書處、內務府營造司等處主管的四處作坊：炮槍處、琺瑯處、輿圖處、自鳴鐘處俱歸併造辦處管理。隨後，也將西洋器物的研究和製造歸於造辦處管理。隨著造辦處發展規模的擴大，雍正二年（西元 1724 年），雍正帝在圓明園增設造辦處，派郎中趙元、內管領穆森管理圓明園造辦處，形成了紫禁城、圓明園兩地作房同時展開造作的格局。透過調整，至雍正九年（西元 1731 年），清宮造辦處常設 33 個門類不同的作房，另設 5 處臨時作房，並設立庫房、立檔備案，對物資管理和造作活動都實現了有序的管理。同時，對江南三織造和景德鎮御窯廠，仍採用委派官員監督的方式管理，並將其製造活動有序記錄在案。雍正朝建立的運作體系和制度，奠定了此後清宮造辦處的模式，乾隆朝及以後時代的作房變化，均在此基礎上進行合併與擴充。可以說，雍正朝的造辦處建設，主要的趨勢是規模的擴大、結構的明晰和事權的歸集。而這種集中式的管理，尤其便於皇帝親自授意工匠、安排用料、

指點設計和指摘弊病。正如有研究者認為：「造辦處製品從設計、製造到使用的全過程，其實是在皇權授意下將物賦予能動性，而將工匠變為與物處於同等地位、或受制於物的受動方的過程。造辦處的機制，充分展現了皇帝對於物的能動性在社會關係網中的重要性的認知。從將來自全國各地及世界各國的貢品匯集到造辦處，到發動從造辦處到地方工匠的力量對器物進行設計和製作，展現了皇帝對於物作為皇權象徵的重視。造辦處從本質上可以視作是將皇權以物質的形式來進行表達的機構。」[144]

二、造作活動中的帝王意志

從上文內容可知，雍正帝對清宮造辦處的格局和運作，具有決定性的影響，其中，始於雍正元年（西元 1723 年）的造辦處，建檔記載庫貯和各作成做活計事務，不僅是造辦處獨立有序運作的明證，而且為今天研究清代宮廷造作提供了豐富的資料。這批資料主要包括《造辦處活計庫各作成做活計清檔》、《各作成做活計底檔》、《造辦處活計庫旨意題頭清檔》、《活計庫旨意底檔》、《活計庫清檔總目》、《各作具報題頭檔》、《造辦處呈稿》及《補遺》等，藏於中國第一歷史檔案館，資料詳細記載了宮廷傳旨交辦各作製作、承修物品的事項，並記述了具體日期、交辦人姓名職銜、傳旨內容以及所做物品完成後的去向。朱家溍

---

144 陳軒：〈藝術人類視野下的清宮造辦處製作〉，（北京）《故宮博物院院刊》2018 年第 5 期。

第六節　恭造之式與外造之氣：設計審美中的權力運作

先生對這批資料的整理和研究，做了開創性的工作，編成《養心殿造辦處史料輯覽》並出版，中國第一歷史檔案館也編成《清宮內務府造辦處檔案總匯》並出版。隨後，有科技史、工藝美術和設計學的研究者注意並利用了這批史料。造辦處史料編排有序、細節完整，對研究清代宮廷造作狀況和帝王對造物製器的態度與旨趣，都具有極強的參考性。從中可以看到，在這個權力最為集中的時代，物品作為社會關係和觀念的載體，是如何呈現皇權和政治意志的，而其形態和風格又是如何被決定的。

造辦處檔案顯示，清代帝王對造物製器活動關注和干預的程度是前所未有的。儘管重視造物設計的制度規範及其貫徹，是等級社會中執政者的共同特點，但歷代執政者一般著眼於鹵簿儀制、輿服制度和宮室明堂的設計規範和控制，很少有如清代帝王這樣鉅細靡遺、事必躬親。史料中記載，皇帝親自督導宮廷造作的做法自康、雍、乾三代開始，三代帝王對匠作的管理都直接而仔細，成為清宮造辦處非常特別的現象。康熙二十六年（西元 1687 年）來到中國的法國傳教士白晉，在其呈給路易十四的《康熙帝傳》中，對康熙帝在造辦處的活動有詳細記載：「由於皇帝對各類新奇的作品都有強烈愛好與深刻了解，他在北京時，每天都按時讓人送來出自新『院士』（即工匠）之手的作品；如在某個御苑時，則兩天去一次。對於這些作品，皇帝總是親自檢驗，指出其中不足之處，表彰那些值得頌揚的，並留下其中傑出的作品，他總是嘉獎那些才能出眾、工作

勤奮、精益求精的人，甚至為他們加官晉級，並賜黃馬褂。」[145] 康熙帝親自檢驗、指出不足，還對優秀工匠進行「表彰」等行為，都顯示出其對造作活動關心和參與程度很深，方式也很直接。雍正帝更是以事必躬親的態度關切造作活動，如檔案記載：「雍正六年三月十九日，郎中海望奉旨：萬字房西一路第六間屋內東面支窗改做槅扇 6 扇，在外面看要像槅扇，在屋內看要像支窗，安活坎牆板，做樣呈覽過再做。欽此」[146]。雍正帝的安排具體到樣式和數目，還必須先上呈樣本看過再允許製作。另如：「雍正六年五月十二日，據圓明園來帖內稱，五月初五日郎中海望奉旨：著將盛香的象牙套筒做 1 件，其裡一層筒子做四五節，通長 4 吋，上下口徑即照盛巴爾撒木香的琺瑯雞心盒子的口徑做，周身雕花燙香，頂層蓋子牆上雕透地夔龍，外層套筒周身亦雕花燙香，筒頂裡外俱留掛鉤子的圈，其圈上安一有穗的條子，穗頭處安一鍍金小鉤，要鉤在香筒頂圈上。欽此。」[147] 雍正帝不厭其煩的從內外尺寸、雕刻紋飾、款式細節，對象牙套筒進行了詳細的描述，與其說他是造物活動的監管者，不如說更像是器物的設計者。

---

145 [法] 白晉著，春林、廣建編，馬緒祥譯：《康熙帝傳》，珠海出版社 1996 年版，第 43—44 頁。

146 香港中文大學、中國第一歷史檔案館編：《清宮內務府造辦處檔案總匯》影印本，人民出版社 2007 年版，第 3—52 頁。

147 香港中文大學、中國第一歷史檔案館編：《清宮內務府造辦處檔案總匯》影印本，人民出版社 2007 年版，第 3—78 頁。

　　此外，從器物製作的程序中，也處處展現著帝王對設計製作的控制。一般來講，器物投入製作之前，皇帝會將口頭旨意或樣本，透過造辦處管理者下發至工匠，工匠根據旨意內容進行製作，製作完成後，器物必須再上呈皇帝檢查，如皇帝有修改意見，再進行修改，如無修改意見可直接收貯歸類。按照皇帝要求改作的器物非常之多，如有記載：「雍正元年二月二十九日交白玉螭虎杯一件，王諭：此杯甚好，螭虎頭不好，另改做。於四月十七日改做完。」此為根據意見修改器物之雕飾。又如：「雍正元年四月二十日交白玉花碗三件，王諭：將面上花紋磨去，往薄裡做。」此為根據意見修改表面紋飾及器壁厚度。由於關切之緊密，這些器物很可能在剛剛製成甚至是半成品之時，就呈交皇帝，以聽取修改意見。而從整個流程來看，則全程以帝王旨意為中心而運作，每個環節都滲入了帝王的要求和意見。

三、「恭造之式」與「外造之氣」的語境內涵

　　「內廷恭造式樣」或曰「恭造之式」，是雍正帝在指導造辦處造作活動一段時間之後提出的製器標準。檔案中有「雍正五年閏三月初三，據圓明園來帖內稱郎中海望奉上諭：朕從前看著做過的活計等項，爾等都該留式樣，若不存留式樣恐其日後再做便不得其原樣。朕看從前造辦處所造的活計好的雖少，還是內廷恭造式樣，近來雖其巧妙，大有外造之氣，爾等再造時不

要失其內廷恭造之式。欽此」[148]。從文本上看，雍正帝是有感於「外造之氣」而提出了「恭造之式」，「恭造之式」作為造物成器的形式標準，其內涵和所指是理解雍正朝乃至清代設計審美導向的重點。

　　不少研究者對「恭造之式」發表過不盡相同的觀點，主要是就其話語產生的語境理解各異。楊伯達認為，雍正帝是在對康熙時期御製品不滿意的情況下，想要極力謀求改變，而提出了「恭造之式」；熊嬿則認為，「恭造之式」的提出是針對「外造之氣」的，而「外造之氣」則是西洋文化進入宮廷而引起的，「恭造之式」和「外造之氣」的關係也應該是「禮儀之爭」和中西學問衝突的反映，並進而認為「恭造之式」的提出，具有在「中國道理」之下復歸傳統和古典設計的導向；還有學者認為，雍正初年大肆發展的作房調整活動，在導致宮廷御用器物製作數量增加的同時，也帶來了作品品質參差不齊與「匠氣」的問題，「恭造之式」是雍正帝針對此狀況而提出的設計規範和標準。[149]綜合來看，筆者認為，雍正時期由於完善了以造辦處為核心的御用品造作體系，對人力、物力和財力的調度支配更加

148　香港中文大學、中國第一歷史檔案館編：《清宮內務府造辦處檔案總匯》影印本，人民出版社 2007 年版，第 2—456 頁。

149　參見楊伯達：〈清代造辦處的「恭造式樣」〉，《上海工藝美術》2007 年第 4 期；熊嬿：〈解讀「內廷恭造之式」——中國設計制度研究個案之一〉，《南京藝術學院學報（美術與設計版）》2008 年第 1 期；張學渝、李曉岑：〈試論清世宗對清宮造辦處的改革〉，《廣西民族大學學報（自然科學版）》2016 年第 4 期。

得心應手，也帶來了更為豐富精湛的中西技藝在宮廷裡匯聚，更為眾多的南北工匠在御苑內競相施展才華。但是，各式奇珍異寶和各地能工巧匠的聚集，更有可能帶來的是樣式和風格的混雜，正是這種狀況，使得雍正帝提出了針對物品樣式設計的標準。不過，「恭造之式」作為形式風格的標準，既不以反對前朝器物設計為特徵，也非以對抗西洋風格或某種特定的地方風格（如「蘇式」或者「廣式」）為根本目標，而是試圖建立一種可以彰顯國家威儀，並能為帝王代言的器物的整體性外在形式。換言之，「恭造之式」和「外造之氣」強調的根本差別既不是中西之別，也不是南北之別，而是「恭造」與「外造」之別，即官方與民間的差別。楊伯達先生曾根據文獻中，雍正帝表達其旨意所用的語彙，總結「恭造式樣」的藝術標準為「精、細、雅、秀」。[150] 的確，雍正帝在對製器提出評價和要求時，「精細」、「文雅」、「秀氣」是常用的語彙。具體而言，「精、細、雅、秀」除了是個人審美的偏好，更是皇家藝術品排他性的表現，是在擁有了最豐富的造物資源後，雍正帝寄望於宮廷器物在質料、工藝、品質、內蘊和格調上呈現出的迥異於民間器物的特點。[151] 本質上說，雍正帝要明確的是宮廷造物與民間造物的區隔，展現宮廷造物在質材、技藝和品味上的絕對優勢，和

---

150 楊伯達：〈清代造辦處的「恭造式樣」〉，《上海工藝美術》2007 年第 4 期。

151 關於雍正帝個人審美偏好及其形成緣由，可以參看林姝：〈從造辦處檔案看雍正皇帝的審美情趣〉，（北京）《故宮博物院院刊》2004 年第 6 期。

帝國對於一切造物資源（物料、技藝和巧匠等）的良好控制，進而以器物作為載體，彰顯帝王的權力。事實證明，雍正帝的努力也是成功的，以精細、典雅和秀美為整體性外在形式特徵的雍正朝器物，最終成為清代宮廷器物製造的典範。

正因為彰顯權力的需求，清代宮廷製器活動並不排斥西洋技藝或某種特定的地方風格，反而是要在博取廣收、取精用弘的基礎上，建構具有壓倒性優勢的造物知識體系。清宮造辦處名匠薈萃的狀況頗能說明問題。民國時期崇璋〈造辦處之作房及匠役〉一文有：「造辦處匠役，分南北兩匠，北匠指北京而言，而籍貫則又非皆京籍，乃華北各省皆有，而玉匠之中新疆回人，則亦列此，其南匠，則又非盡指江南，乃湖廣閩粵蘇杭及歐人皆有之，因此輩，皆為南省各大吏所送進，故普稱之曰『南匠』，然玻璃匠，皆為山東博山縣籍，為魯撫所較進，其系屬則列入南匠，因康熙朝初設玻璃廠時，匠役長，皆西洋人也。」[152] 吳兆清〈清代造辦處的機構和匠役〉一文將匠役來源分為三類：三旗佐領內挑選培養的旗人匠役、廣東等督撫及三織造選送的南匠和民間招募的各類匠人。[153] 南匠與北匠、旗人與漢人、華族與洋人，在造辦處各作房同受調遣，各展其長。據吳兆清考證，一般情況下，南匠的待遇都要比旗人匠役好許多，並認

---

152 轉引自張學渝、李曉岑：〈清宮造辦處成立若干問題新探〉，《廣西民族大學學報（自然科學版）》2015 年第 4 期，第 6—12 頁。

153 吳兆清：〈清代造辦處的機構和匠役〉，《歷史檔案》1991 年第 4 期，第 79—89 頁。

為，南匠地位之所以比旗匠高，是因為「其技藝較旗人精湛」。這也進一步說明了內廷「恭造之式」理念下的製器活動，並不排斥特定的地方風格，而是對各領域內最具優勢的技藝兼收並蓄、為我所用，甚至包括西洋技藝。康熙帝在羅馬教廷「禁約」事件後，禁止天主教傳播：「爾教王條約與中國道理大相悖戾，爾天主教在中國行不得，務必禁止。教既不行，在中國傳教之西洋人亦屬無用，除會技藝之人留用，再年老有病不能回去之人仍准存留，其餘在中國傳教之人，爾俱帶回西洋去。」（《康熙與羅馬使節關係文書》）可見，康熙在驅逐傳教士的情況下，還仍允許西洋「會技藝之人」繼續留在中國。此外，清宮對西洋玻璃燒製和琺瑯製作應用技藝的試驗和探求，當屬相容並包、洋為中用的範例。康熙敕命建造的玻璃廠是在德國傳教士紀里安（Kilian）指導下進行的，於康熙三十五年（西元 1696 年）開始籌建，康熙三十九年（西元 1700 年）建成。投產初期聘西洋技師數名為「工長」，一批山東博山籍匠人在西洋技師指導下燒製玻璃器皿。康熙十九年（西元 1680 年），清廷在紫禁城內武英殿附近設置琺瑯作，生產銅胎掐絲琺瑯和鏨胎琺瑯。康熙五十五年（西元 1716 年），經廣州巡撫楊琳推薦，廣東畫琺瑯匠師潘淳、楊士章和三名西洋技師進入內廷，參與指導和製作造辦處琺瑯器的生產，畫琺瑯器逐漸繁榮。康熙五十八年（西元 1719 年），法國琺瑯藝人陳忠信被聘入內廷指導畫琺瑯器的生

產。在中外匠師的合作努力下，造辦處琺瑯作燒造出大批具有濃郁宮廷氣息的金屬胎畫琺瑯器。雍正六年（西元 1728 年）以後，在雍正帝的支持下，造辦處開始自煉琺瑯料，使得琺瑯彩瓷器擺脫了依靠進口料的狀態。同時，造辦處還嘗試著將這種技法移植到瓷胎和其他材質上，產生了「琺瑯彩」瓷器、玻璃畫琺瑯器，甚至紫砂畫琺瑯器。可見，帝王統領下的造辦處是以非常開放包容的態度，積極主動的進行關於技藝的知識累積和建構，並將之物化成為能夠代表帝國形象的器物。這個過程借助皇權來實現知識和權力的交融，又透過知識的轉化強化了權力。正如福柯所說，「我們應該承認，權力製造知識，權力和知識是直接相互連帶的，不相應的建構一種知識領域就不可能有權力關係」。[154]清代宮廷造辦處御用品製造設計中的技藝探求、歸集和整合，既是對知識的收編與改造，也是對交纏在知識中的權力的清理和鞏固。

四、「御製」的意味

造辦處的造作活動和管理行為，使得內廷能夠更為有效的管理和控制一切御用品的造作活動，也使得皇權在器物上表現得更為直接和細膩。更為重要的是，由於康、雍、乾三代帝王對器物造作活動的關注和投入，清代內廷組織實施了一系列器

---

154 [法] 蜜雪兒·福柯（Michel Foucault）著，劉北城、楊遠嬰譯：《規訓與懲罰》，生活·讀書·新知三聯書店 2003 年版，第 25—26 頁。

第六節　恭造之式與外造之氣：設計審美中的權力運作

物設計和製作技藝的研究探索活動，也賦予了宮廷造作領先的設計和生產能力。造辦處龐大而全的造作體系具備極強的設計和生產能力，使得除了江南三織造和景德鎮御窯廠仍採用官方督辦，其他造作任務都由內廷來完成。甚至設立在地方的御窯，也是在宮廷具體而微的指導下燒造器物。據《清史稿》記載，皇家御窯燒造器物，由養心殿造辦處提供型制、紋樣、工藝要求，甚至很多樣品均在京城試燒，再將燒造任務發往地方。清代以前，歷代皇室多以官營手工業的形式督辦、採辦內廷所需器物，對造作活動的管理和控制都不如清代嚴格。透過深度的參與和管理，清代統治者將「御製」觀念在御用品造作活動中強化，並在客觀上使得「御製」器物為其個人和國家形象代言。

「御製」觀念的強化，透過清代御用器物的款識可以窺見一斑。以陶瓷為例，器物上的款識大致可分為六大類：紀年款、堂名款、人名款、吉語款、圖案款及其他特殊類款。就紀年款而言，可用帝王年號紀年或干支紀年。據考證，最早的年號紀年款應該是宋景德年間出現的「景德年製」款瓷器。「年製」款標誌著御窯系統對陶瓷器物品質的認可。康、雍、乾三代，在燒造御用品的御窯中，除了「年製」款陶瓷器物較為多見，還首次出現了帝王年號的「御製」款陶瓷，如「康熙御製」、「雍正御製」和「乾隆御製」。如果說「年製」款給予了關於器物造作的時間資訊，那麼，「御製」款更多流露出器物成造的過程與

帝王的關係。相較於「年製」款,「御製」款更凸顯了作為器物製造系統的最高決策者的個人意志,使得我們在觀看和使用器物之時能夠聯想其人。周思中統計和對比兩種款識器物的差別後認為,至少在康熙朝,「御製」比「年製」的難度更大、範圍更小,並認為難度大、成本高是「御製」款器物的特點。[155] 從存世數量來看,「御製」款器物更為稀少,僅限於造辦處製作的銅胎畫琺瑯器、玻璃胎畫琺瑯器和紫砂胎畫琺瑯器,這也的確決定了其珍貴性。但筆者的解讀是,「難度大、成本高」還並非「御製」款器物的根本特徵,之所以景德鎮官窯生產的御用瓷只落「年製」款,而造辦處畫琺瑯器落「御製」款,其根本原因在於帝王對造辦處更直接的控制,和對畫琺瑯技藝試驗的直接參與。不過,周思中從現有存世品的對比中也發現,造辦處製作的掐絲琺瑯器使用的卻是「年製」款,而不落「御製」款。筆者認為,相較於明代就出現的掐絲琺瑯,畫琺瑯是新技術,是康熙帝親自領導下在內廷展開的技術試驗。較早掌握畫琺瑯技術的是廣州工匠,在被康熙帝召進京之前,已經掌握銅胎畫琺瑯技術。但是,瓷、玻璃和紫砂等材料結合的畫琺瑯工藝,都是在造辦處由帝王親自督導完成的,更能展現帝王對新技術的壟

---

155 有學者透過統計康熙官窯瓷器發現,落「年製」款識的主要是由工部在景德鎮御窯製作的一般御用品,而落「御製」款識的則僅限於宮內造辦處製作的畫琺瑯(包括銅胎、玻璃胎、紫砂胎)器。(周思中:〈官窯瓷款識中的「年製」與「御製」──權力對藝術的滲透與控制〉,《紫禁城》2008 年第 3 期。)

第六節　恭造之式與外造之氣：設計審美中的權力運作

斷性占有，這也證明，正是因為帝王對畫琺瑯技藝試驗的直接參與，才使得剛剛興起、並不成熟的畫琺瑯器擁有了「御製」款的身分。同樣的內廷技藝試驗還表現在玻璃器物的製作上。清宮玻璃廠成立於康熙三十五年（西元 1696 年），成立之初位於西安門的蠶池口；為了滿足皇家對玻璃器的大量需求，雍正年間在圓明園六所又建立了新的玻璃廠。玻璃廠除邀請外國傳教士指導建廠，還徵調了山東博山等地工匠跟從法國技師學習，使之玻璃製作技藝精進，掌握了多種藝術加工方法，產生了八個工藝品種。玻璃廠的製品，除器皿、燈具和陳設品外，還有建築、鐘錶和其他器物的玻璃質配件，在乾隆朝，由於皇帝篤信藏傳佛教，還敕令造辦處製作了玻璃質的佛塔、佛母和無量壽佛等藏傳佛教聖物。用玻璃製作佛教聖物，也展現著對這種新材質和技藝的肯定和崇拜。概而言之，由於有帝王的親力親為，清宮的畫琺瑯和玻璃器物具有特別的意義，都是承載「御製」觀念的典型器物。再以權力的視角觀之，康熙和雍正兩代帝王對技藝的不倦探索，正展現著「帝王無所不及的征服欲」，以「御製」來標識這些器物，更是有意顯示其努力的成果。

而在「御製」器物的流通之中，也將帝王賦予器物的意義傳播開來。康熙五十八年（西元 1719 年），康熙帝「賜予葡萄牙駐澳門機構包括有五件畫琺瑯茶壺以及兩件畫琺瑯玻璃瓶在內的禮品。葡萄牙人在回信中深表欽佩，恰到好處的滿足了康

熙帝對於能夠憑一己之力攻克畫琺瑯技術的得意之情」[156]。將御製器物賞賜重臣、使節和用於其他重要場合的事例很多。雍正二年（西元 1724 年）二月九日，雍正帝賜予年羹堯等將領琺瑯管雙眼翎二枝、單眼翎十枝。其後，年羹堯在謝恩折中表達出對琺瑯製品的渴求，「臣伏睹琺瑯翎管製作精緻，顏色嬌麗，不勝愛羨，謹繕折恭謝天恩，更懇聖慈，如有新製琺瑯物件，賞賜一二，以滿臣之貪念，臣無任悚惶之至」。在得到這次賞賜之後，年羹堯於當年又被多次賜以琺瑯彩瓷器。雍正二年（西元 1724 年）四月二十四日，年氏在上疏的奏摺中說：「四月二十二日由驛齋到御賜臣仿琺瑯茶杯兩匣，臣叩頭祗領訖。伏睹此種窯器，顏色清麗，製作精雅，實不讓前代之五彩佳品也！岳鍾琪於四月十五日領兵進剿番賊，俟其事後回寧，臣當宣旨賞給四個另行謝恩外，所有感激微忱，謹繕摺恭謝以聞。雍正二年四月二十四日具。」[157] 在賞賜與接收之中，帝王與臣子間恩寵的傳達和權力的實施，已經悄然實現。雍正帝將玻璃製品納入朝服典章制度，也是其對「御製」器物地位的擢升和有意識的傳播。雍正八年（西元 1730 年），官員帽頂材質按品級做出了規定，三至六品的官帽上採用玻璃裝飾。據造辦處

---

156 許曉東：〈康熙、雍正時期宮廷與地方畫琺瑯技術的互動〉，《宮廷與地方：十七至十八世紀的技術交流》，紫禁城出版社 2010 年版，第 290—291 頁。

157 張書才主編：〈雍正二年川陝總督年羹堯奏謝琺瑯等寶物折〉，《雍正朝漢文硃批奏摺彙編》第二冊，江蘇古籍出版社 1986 年版，第 582 頁。

第六節　恭造之式與外造之氣：設計審美中的權力運作

檔案記載，這條諭令當即就得到了執行。而乾隆帝似乎對玻璃更情有獨鍾，除了用玻璃製作大量聖物用以供奉，每年賞給達賴、班禪的物品中，也總有玻璃瓶、碗和鼻煙壺等。不同於平民生活和百姓日用，宮廷生活的每一個細節無不包含著政治的意味，其中的器物莫不是禮制與權力的象徵。透過各種管道和形式的流通傳播，器物形成並塑造著和它發生關係的主體的觀念與認知，也在被主體觀看、占有和使用的過程之中，傳遞出超越日常功用的訊息。清代帝王透過造辦處來實施的對於器物的接納、管理、製作以及賞賜，本質上是利用器物強化其權力的合法性和權威性。清三代的「御製」器物更是帝王刻意標識的對象，是技藝為權力所掌控和利用的產物，其賞賜、接受和使用，也都是帝王政治意圖的運作實施。

第二章　明清時期的設計美學

參考文獻

古籍：

1. 2011 年。《點校本二十四史》。北京：中華書局。

2. 1997 年。《十三經注疏》。上海：上海古籍。

3. 2018 年。《新編諸子集成》。北京：中華。

4. 上海古籍出版社編。《漢魏六朝筆記小說大觀》。

5. 中華書局編。《唐宋史料筆記叢刊》。

6. 上海書店出版社編。《宋元譜錄叢編》。

7. 上海古籍出版社編。《明清小品叢刊》。

8. 香港中文大學、中國第一歷史檔案館編（2007）。《清宮內務府造辦處檔案總匯》影印本。北京：人民。

9. ［漢］劉熙撰（1985）。《釋名》。北京：中華書局。

10. ［梁］蕭統編［唐］李善注釋（1997）。《文選》。北京：中華書局。

11. ［梁］劉勰著，范文瀾注釋（1958）。《文心雕龍》。北京：人民文學。

12. ［北魏］楊衒之（1986）。《洛陽伽藍記》。《文淵閣四庫全書》。臺北：商務印書館。

13. ［晉］葛洪著，楊明照校箋（1997）。《抱朴子外篇校箋》（上、下）。北京：中華書局。

14. ［晉］葛洪著，王明校釋（1985）。《抱朴子內篇校釋》。北京：中華書局。

15. ［南朝宋］劉義慶撰［梁］劉孝標注，余嘉錫箋疏（2011）。《世說新語箋疏》。北京：中華書局。

16. ［南朝宋］謝靈運著，顧紹柏校注（1987）。《謝靈運集校注》。河南：中州古籍。

17. ［宋］李昉等編（1960）。《太平御覽》。北京：中華書局。

18. ［宋］程顥、程頤著，王孝魚點校（1981）。《二程集》。北京：中華書局。

19. ［宋］葉夢得（1983）。《避暑錄話（下）》。《叢書集成初編》。北

京：中華書局。

20. ［明］袁宏道著，錢伯城箋校（2008）。《袁宏道集箋校》。上海：上海古籍。

21. ［清］彭定求等編（1960）。《全唐詩》。北京：中華書局。

22. ［清］董浩等（1983）。《全唐文》。北京：中華書局。

著作：

1. 北京大學哲學系美學教研室編（1980）。《西方美學家論美和美感》。上海：商務印書館。

2. 清華大學圖書館科技史研究組編（1981）。《中國科技史資料選編》。北京：清華大學。

3. 諸葛鎧（1992）。《圖案設計原理》。南京：江蘇美術。

4. 朱志榮（2009）。《夏商周美學思想研究》。北京：人民。

5. 王子今（2006）。《秦漢社會史論考》。上海：商務印書館。

6. 呂思勉（2005）。《兩晉南北朝史》。上海：上海古籍。

7. 劉大傑（2000）。《魏晉思想論》。上海：上海古籍。

8. 葛兆光（2001）。《中國思想史》。上海：復旦大學。

9. 柳詒徵（2010）。《中國文化史》。湖南：岳麓書社。

10. 馮天瑜、何曉明（2005）。《中華文化史》。上海：上海人民。

11. 費孝通主編（1999）。《中華民族多元一體格局》。北京：中央民族大學。

12. 童書業（2005）。《中國手工業商業發展史》。北京：中華書局。

13. 沈從文（2011）。《中國古代服飾研究》。上海：商務印書館。

14. 孫機（2014）。《中國古代物質文化》。北京：中華書局。

15. 龔克昌（1990）。《漢賦研究》。山東：山東文藝。

16. 郭廉夫、毛延亨（2008）。《中國設計理論輯要》。南京：江蘇美術。

17. 17. 夏燕靖（2018）。《中國古代設計經典論著選讀》。南京：南京師範大學。

18. 倪健林、張抒編著（2002）。《中國工藝文獻選編》。山東：山東教育。

19. 包銘新（2006）。《中國染織服飾史文獻導讀》。上海：東華大學。

20. 尚剛（2012）。《古物新知》。北京：生活‧讀書‧新知三聯書店。

21. 趙豐主編（2005）。《中國絲綢通史》。江蘇：蘇州大學。

22. 揚之水（2012）。《曾有西風半點香：敦煌藝術名物叢考》。北京：生活‧讀書‧新知三聯書店。

23. 李修建（2010）。《風尚—魏晉名士的生活美學》。北京：人民。

24. 張鵬（2018）。《遼金皇家藝術工程研究》。浙江：浙江大學。

25. 上海博物館編（2013）。《青花的世紀：元青花與元代的歷史、藝術、考古》。北京：北京大學。

26. 毛文芳（2000）。《晚明閒賞美學》。臺北：學生書局。

27. 姚國宏（2017）。《權力知識研究：一種後知識話語的理解》。上海：上海三聯書店。

28. 范英豪（2014）。《審美碰撞輝煌的朝代：魏晉南北朝設計藝術與文化研究》。北京：人民。

29. 林歡（2013）。《宋代古器物學筆記材料輯錄》。上海：上海人民。

30. ［美］薛愛華（Edward Hetzel Schafer）（2016）。《撒馬爾罕的金桃—唐代舶來品研究》。北京：社會科學文獻。

31. ［俄］安納多里‧帕夫洛維奇‧捷連吉耶夫‧卡坦斯基著，崔紅芬、文志勇譯（2006）。《西夏物質文化》。北京：民族。

32. ［美］凡勃倫著，蔡受百譯（1997）。《有閒階級論—關於制度的經濟研究》。上海：商務印書館。

33. ［法］尚‧布希亞著，林志明譯（2001）。《物體系》。上海：上海人民。

34. ［法］讓‧鮑德里亞著，夏瑩譯（2009）。《符號政治經濟學批判》，南京：南京大學。

35. ［法］蜜雪兒‧福柯著，謝強、馬月譯（1998）。《知識考古學》。北京：生活‧讀書‧新知三聯書店。

36. ［法］蜜雪兒‧福柯著，劉北城、楊遠嬰譯（2003）。《規訓與懲罰》。北京：生活‧讀書‧新知三聯書店。

37. ［英］李約瑟（1978）。《中國科學技術史》。北京：科學。

第二章　明清時期的設計美學

論文：

1. 后俊德（1996）。〈楚文物與《考工記》的對照研究〉。《中國科技史料》。第 17 卷第 1 期。

2. 昝風華（2006）。〈漢賦器物描寫與漢代風俗文化〉。《廣西社會科學》。第 2 期。

3. 鍾仕倫（2015）。〈從王導營造建康城看魏晉美學思想的轉折〉。《雲南師範大學學報（哲學社會科學版）》。第 5 期。

4. 張學鋒（2009）。〈六朝建康城的研究、發掘與復原〉。《蔣贊初先生八秩華誕頌壽紀念論文集》。北京：學苑。

5. 賀雲翱、邵磊（2004）。〈南京毗盧寺東出土的六朝時代瓷器和瓦當〉。《東南文化》。第 6 期。

6. 吳河清（2011）。〈論唐代廳壁記的文獻價值〉。《河南大學學報（社會科學版）》。第 3 期。

7. 齊東方（2017）。〈「黑石號」沉船出水器物雜考〉。《故宮博物院院刊》。第 3 期。

8. 彭兆榮（2014）。〈「詞與物」：博物學的知識譜系〉。《貴州社會科學》。第 6 期。

9. 夏鼐（1982）。〈夢溪筆談中的喻皓木經〉。《考古》。第 1 期。

10. 閆月珍（2005）。〈作為道家傳統的以物觀物與中國詩學的美感經驗〉。《浙江學刊》。第 1 期。

11. 裴亞靜（2011）。〈首都博物館館藏仿古瓷器述論〉。《首都博物館論叢》。第 00 期。

12. 楊伯達（1983）。〈女真族「春水」「秋山」玉考〉。《故宮博物院院刊》。第 2 期。

13. 王龍（2018）。〈西夏文獻中的回鶻—絲綢之路背景下西夏與回鶻關係補證〉。《寧夏社會科學》。第 1 期。

14. 朱偉珏（2008）。〈象徵差異與權力：試論布迪厄的象徵支配理論〉。《社會》。第 3 期。

15. 畢傳龍（2015）。〈雍乾時期的手工技藝觀念新視角—西方傳教士與清宮琺瑯作手工行業知識傳承〉。《創新》。第 3 期。

16. 朱家溍（2000）。〈《養心殿造辦處史料輯覽》前言〉。《故宮博物院院刊》。第 4 期。
17. 張言夢（2005）。《漢至清代〈考工記〉研究和注釋史述論稿》。南京：南京師範大學博士論文。

電子書購買

國家圖書館出版品預行編目資料

中國設計美學史：宋元明清時期：觀物以理 ×
東西交流 × 崇古追新，從文化復古運動到設計
審美中的權力運作 / 彭聖芳著 . -- 第一版 . -- 臺
北市：崧燁文化事業有限公司 , 2022.07
　　面；　公分
POD 版
ISBN 978-626-332-452-7(平裝)
1.CST: 中國美學史 2.CST: 設計
180.92　　　　　　111008986

中國設計美學史 ── 宋元明清時期：觀物以理 × 理 × 東西交流 × 崇古追新，從文化復古運動到設計審美中的權力運作

臉書

作　　　者：彭聖芳
發 行 人：黃振庭
出 版 者：崧燁文化事業有限公司
發 行 者：崧燁文化事業有限公司
E - m a i l：sonbookservice@gmail.com
粉 絲 頁：https://www.facebook.com/sonbookss/
網　　　址：https://sonbook.net/
地　　　址：台北市中正區重慶南路一段六十一號八樓 815 室
Rm. 815, 8F., No.61, Sec. 1, Chongqing S. Rd., Zhongzheng Dist., Taipei City 100, Taiwan
電　　　話：(02) 2370-3310　　傳　　真：(02) 2388-1990
印　　　刷：京峯彩色印刷有限公司（京峰數位）
律師顧問：廣華律師事務所 張珮琦律師

定　　　價：260 元
發行日期：2022 年 07 月第一版
◎本書以 POD 印製